LA CUISINE VÉGÉTARIENNE
POUR GOURMETS

La famille Aubergine

LA CUISINE VÉGÉTARIENNE
POUR GOURMETS
agrémenté d'un petit livre sur le pain

Guy Saint-Jean
ÉDITEUR

Données de catalogage avant publication (Canada)

Vedette principale au titre:
La cuisine végétarienne pour gourmets
2e éd.-
Comprend un index.
ISBN 2-89455-018-9
1. Cuisine végétarienne.   I. Famille Aubergine.

TX837.F34 1996   641.5' 636   C96-940075-6

Pour la première édition:
© Les Éditions de l'Aurore, 1978
© Guy Saint-Jean Éditeur, 1982

Nouvelle édition:
© Guy Saint-Jean Éditeur Inc. 1996

Photographie de la page couverture: © Louis Prud'homme 1996
Graphisme: Christiane Séguin

Dépôt légal 1er trimestre 1996
Bibliothèques nationales du Québec et du Canada
ISBN 2-89455-018-9

DISTRIBUTION ET DIFFUSION

AMÉRIQUE
Diffusion Prologue Inc.
1650, boul. Lionel-Bertrand
Boisbriand (Québec)
Canada J7H 1N7
(514) 434-0306

FRANCE (Distribution)
Distique S.A.
5, rue de la Taye
B.P. 65
28112 Lucé Cédex
France
37.34.84.84

SUISSE
Transat s.a.
Rte des Jeunes, 4 ter
Case postale 125
1211 Genève 26
Suisse
342.77.40

BELGIQUE
Diffusion Vander s.a.
321 Avenue des Volontaires
B-1150 Bruxelles
Belgique
(2) 762.98.04

(Diffusion)
C.E.D. Diffusion
72, Quai des Carrières
94220 Charenton
France
(1) 43.96.46.36

GUY SAINT-JEAN ÉDITEUR INC.
674, Place Publique, bureau 200B
Laval (Québec) Canada H7X 1G1
(514) 689-6402

Imprimé et relié au Canada

Sommaire

Avertissement

À l'inverse de tant de livres publiés sur le sujet, cet ouvrage n'a pas de prétention diététique. C'est pourquoi nous le destinons aux gourmets.

Pour éviter les répétitions inutiles, nous omettons de mentionner dans les recettes le poivre et le sel, sauf exception. On les utilisera selon son goût. Préférer le sel de mer et le poivre noir en grains moulu au moment de s'en servir.

L'importance des herbes et épices varie grandement selon le désir de chacun. En principe, il ne faut les utiliser que parcimonieusement; il est généralement bon que l'une d'entre elles domine sur les autres. On s'habituera à leur arôme particulier en les goûtant du bout des doigts. La plupart du temps quelques pincées suffisent. Les herbes sont bien meilleures fraîches que séchées ou en poudre. Il est aisé de les cultiver dans des pots sur le rebord de sa fenêtre. Rien ne remplacera jamais le délice d'un basilic frais dans une salade de tomates. Il faut hacher les herbes très finement.

Ne pas surcuire les légumes qui sont bien meilleurs croquants. La bonne façon de les préparer est souvent de les passer à la vapeur dans une «marguerite».

Trop de fromage peut constiper.

Trop de noix peut être indigeste.

Les œufs naturels sont moins durs sur le foie que les œufs congelés.

Les menus se constituent selon son désir. On sert

généralement les plats «lourds» (féculents, en sauce, fromage, pains de noix, etc.) avec un légume tout simple cuit à la vapeur.

Pas trop de sauces et les varier.

Il est recommandé de faire son propre pain qui ajoute vraiment aux charmes d'un repas végétarien. Il existe maintenant des machines à pétrir qui permettent de ne pas se fatiguer comme autrefois. Mais le pain est parfois difficile à réussir. Il faut donc s'obstiner dans les débuts. Puis le tour de main arrive et c'est un jeu d'enfants.

Enfin, les recettes sont conçues pour une famille de 4 à 6 personnes, sauf gros appétit. Dans les cas particuliers, nous mentionnons le nombre de portions obtenues.

Usages des herbes

PAR ORDRE D'HERBES:

Ail: partout.

Basilic: sur les fromages blancs, dans les soupes, avec les plats où entre de la tomate, avec l'aubergine, les oignons, les pois, les courges, dans les salades.

Estragon: son goût particulier exige qu'on l'utilise prudemment dans les jus, les soupes, avec les salades vertes, les champignons, les pommes de terre, les épinards, les tomates.

Feuilles de laurier: dans les soupes, avec les œufs, les betteraves, les carottes, les pommes de terre, les tomates cuites.

Fines herbes: elles remplacent les oignons mais ont un goût plus fin, plus doux. Excellentes dans les omelettes et dans les salades si on désire leur donner un petit côté plus frais,

Marjolaine: sur les fromages blancs, avec les œufs, dans la soupe avec les légumes crus ou cuits, surtout les choux de Bruxelles, les pois, les carottes, les courges, les courgettes, dans les jus de fruits.

Marmite: un condiment que l'on trouve dans certaines épiceries et qui est à base de levure. Accompagne bien les noix.

Menthe: dans les boissons fraîches, avec les jus de légumes, le thé, en garniture pour les salades et desserts, avec les fèves, les pois, dans le yogourt. Facile à cultiver mais se répand très vite comme une mauvaise herbe et il devient difficile de s'en débarrasser.

Origan: avec les champignons, les avocats, les jus de légumes, les œufs, les brocoli, les lentilles, les choux, essentiel avec les plats à saveur italienne.

Persil: sur les fromages blancs, avec les avocats et dans toutes les salades, comme garniture sur les soupes et potages, pour corser les jus de légumes.

Romarin: dans les salades de fruits, les confitures, les soupes, les pois, les épinards, les choux-fleurs, les concombres et les salades vertes.

Safran: sur le fromage blanc, dans les œufs, avec les courgettes, les courges, dans le riz et dans les pâtisseries.

Sauge: dans le beurre, les sauces au fromage, le fromage blanc, les soufflés, les carottes, les aubergines, les fèves, les oignons, les pois et les tomates, excellente dans les soupes.

Thym: soupes, betteraves, salades de tomates, salades de choux, jus de légumes, légumes cuits, dans les compotes de fruits.

PAR ORDRE D'ALIMENTS:

Aubergine: ail, basilic, sauge

Avocat: ail, origan, persil

Betterave: ail, feuilles de laurier, thym

Beurre: ail, sauge

Boisson fraîche: menthe

Brocoli: ail, origan

Carotte: ail, feuilles de laurier, marjolaine, sauge

Champignon: ail, estragon, origan

Chou: origan, thym

Chou de Bruxelles: ail, marjolaine

Chou-fleur: romarin

Compote de fruits: thym

Concombre: romarin

Confiture: romarin

Courge: ail, basilic, safran

Courgette: ail, marjolaine, safran

Dessert: menthe

Épinard: ail, estragon, romarin

Fève: ail, menthe, sauge

Fromage blanc: ail, basilic, marjolaine, persil, safran, sauge

Jus: ail, estragon

Jus de fruits: ail, marjolaine

Jus de légumes: ail, menthe, origan, persil, thym

Légume cuit: ail, marjolaine, thym

Lentille: origan

Noix: «Marmite»

Œuf: ail, feuilles de laurier, fines herbes, marjolaine, origan, safran

Oignon: ail, basilic, sauge

Pâtisserie: safran

Pois: ail, basilic, marjolaine, menthe, romarin, sauge

Pomme de terre: ail, estragon, feuilles de laurier

Riz: safran

Salade: ail, basilic, fines herbes, menthe, persil

Salade de fruits: romarin

Salade verte: ail, estragon, persil, romarin

Sauce au fromage: sauge

Soufflé: sauge

Soupe: ail, basilic, estragon, feuilles de laurier, marjolaine, persil, romarin, sauge, thym

Tomate: ail, basilic, estragon, feuilles de laurier (pour les tomates cuites), sauge, thym

Thé: menthe

Yogourt: menthe

Des soupes et des potages

Le bon usage veut que l'on dise un potage de santé et non une soupe de santé; le même usage fait qu'on dit à la cour: on a servi les potages, on est aux potages, et jamais on a servi la soupe, on est aux soupes.

Bon et mauvais usages des mots

Caillère

Bouillon de pelures de pommes de terre

(ce bouillon sert généralement de base pour d'autres soupes et potages)

La pelure de 7 grosses pommes de terre
1 petit pied de céleri
2 carottes
1 gros oignon
8 tasses (2 l) d'eau

Mettre les pelures tenues épaisses dans une casserole avec les autres ingrédients.

Faire mijoter sur feu doux pendant une heure et demie.

Passer au tamis et ne conserver que le jus.

Bouillon à l'ail

(ce bouillon sert généralement de base pour
d'autres soupes et potages)

6 tasses (1,5 l) de bouillon de pelures
de pommes de terre (voir p.18)

16 gousses d'ail

1 c. à table (15 ml) d'huile d'olive

thym

laurier

sauge

Faire mijoter les ingrédients durant 40 minutes.

Tamiser pour ne conserver que le bouillon.

Bouillon de légumes

(ce bouillon sert généralement de base pour
d'autres soupes et potages)

On trouve dans les magasins de produits naturels
d'excellents bouillons de légumes déshydratés.
Suivre la recette indiquée sur le récipient et utiliser
selon les besoins des soupes et potages dans
lesquels il entre dans la composition.

Potage de pommes de terre

5 grosses pommes de terre
3 poireaux
4 tasses (1 l) d'eau
2 c. à table (30 ml) de crème sure
beurre
2 c. à table (30 ml) d'aneth
1 c. à thé (5 ml) de graines de carvi
ciboulette
persil

Peler les pommes de terre et les mettre en cubes.

Bien laver les poireaux; éliminer les bouts de feuilles qui sont verts et durs; couper en morceaux.

Cuire dans l'eau salée durant une demi-heure.

Ajouter les herbes et condiments; mettre le lait; saler et poivrer au goût. Cuire encore durant une quinzaine de minutes, jusqu'à épaississement.

Incorporer alors la crème sure et le beurre.

Réchauffer sans bouillon et servir.

Potage aux champignons

3 tasses (750 ml) de bouillon de pelures
de pommes de terre (voir p.18)

500 g de champignons frais

3 c. à table (45 ml) de farine

3 c. à table (45 ml) de beurre

1 tasse (250 ml) de crème épaisse

2 c. à table (30 ml) de sherry

persil

Laver les champignons entiers. En réserver 4 ou 5
et trancher le reste. Cuire ces derniers dans un
bouillon de pelures de pommes de terre jusqu'à ce
qu'ils soient tendres. Retirer les champignons du
bouillon qu'il faut garder.

Faire une sauce veloutée (voir recette p. 44) en se
servant du bouillon comme base. Laisser cuire une
dizaine de minutes en remuant fréquemment.

Incorporer alors la crème et le sherry. Y remettre les
champignons cuits jusqu'à réchauffement.

Assaisonner au goût et jeter le persil finement
haché au dernier moment.

Couper en fines tranches les champignons crus et
les laisser flotter sur le potage dans les assiettes.

Potage aux lentilles et aux tomates

2/3 de tasse (160 ml) de lentilles

1 grosse branche de céleri

1 gros oignon

4 carottes

1 tasse (250 ml) de pâte de tomates

4 tasses (1 l) d'eau

ail

persil

thym

estragon

aneth

Mettre dans un grand chaudron les lentilles, l'eau, l'oignon, les carottes et laisser le tout mijoter pendant 3 heures. On peut ajouter un peu d'eau durant la cuisson si nécessaire.

Ajouter les épices, les herbes, poivrer et saler au goût.

Ajouter finalement la pâte de tomates. Faire réchauffer le tout pour servir très chaud.

Potage aux asperges

5 tasses (1,25 l) de bouillon de pelures
de pommes de terre (modifié) (voir p.18)

500 g d'asperges fraîches ou en boîte

3 jaunes d'œuf

1 tasse (250 ml) de crème fraîche légère

On emploie pour cette recette un bouillon de
pelures de pommes de terre auquel on aura ajouté
une branche de céleri et une gousse d'ail; quand le
bouillon est cuit, on enlève le céleri et l'ail et on
presse les pelures dans une passoire afin d'obtenir
une purée. Ajouter alors 1 1/2 tasse (375 ml) de
l'eau de cuisson des asperges ainsi que la moitié
des asperges que l'on aura soigneusement réduites
en purée.

Dans un autre récipient, mélanger la crème et les
œufs. Y mettre le potage par petite quantité et en
fouettant constamment. Faire mijoter à feu très
doux. Assaisonner au goût.

Au moment de servir, on ajoute le reste des
asperges coupées en morceaux.

Potage aux châtaignes

6 tasses (1,5 l) de bouillon à l'ail

1 kg de châtaignes fraîches

3 c. à table (45 ml) de farine

3 c. à table (45 ml) de beurre

1/4 de tasse (60 ml) de brandy

1/3 de tasse (80 ml) de vin rouge

muscade

poivre de Cayenne (facultatif)

paprika

Ouvrir les châtaignes d'un coup de couteau et rôtir au four très chaud durant 20 minutes. Les retirer du four; les peler et les mettre en purée. Les jeter dans le bouillon à l'ail et faire mijoter pendant une demi-heure.

Faire le roux dans une autre casserole. Y mettre le bouillon aux châtaignes et faire cuire durant une autre demi-heure tout en remuant constamment.

Ajouter au dernier moment le brandy et le vin.

Assaisonner et épicer au goût. La pincée de poivre de Cayenne est facultative.

Pour servir, on saupoudre chaque assiette pleine d'un nuage de paprika.

Soupe aux œufs et au citron

6 tasses (1,5 l) de bouillon à l'ail (voir p.19)
1 tasse (250 ml) de bouillon de légumes (voir p.19)
3 œufs
1 1/2 tasse (375 ml) de riz à longs grains cuit
1 c. à table (15 ml) de jus de citron
1 citron

Mélanger dans une casserole le bouillon à l'ail et le bouillon de légumes. Faire chauffer.

Battre dans un bol le jus de citron et les œufs. Jeter le tout dans le bouillon chaud en remuant énergiquement. Ajouter le riz.

Garnir chaque assiette d'une mince tranche de citron et y servir la soupe très chaude.

Soupe à l'aneth

Les pelures (épaisses) de 6 pommes de terre

2 branches de céleri

2 carottes

1 oignon

1/2 tasse (125 ml) d'aneth frais

grains de poivre non moulu

3/4 de tasse (190 ml) de crème sure

Laisser mijoter dans l'eau les pelures de pommes de terre, les carottes, le céleri, l'oignon et le poivre en grains. Laisser mijoter pendant 2 heures. On peut rajouter de l'eau au besoin.

Quand les légumes sont tendres, en éliminer la moitié et passer le restant en purée dans le jus. Assaisonner.

Mélanger les œufs avec la crème sure et l'aneth haché avec soin. Le mélanger avec la soupe en tournant soigneusement. Réchauffer sans laisser bouillir.

Cette soupe peut être servie froide ou chaude.

Soupe crémeuse aux artichauts

2 tasses (500 ml) de bouillon de légumes (voir p.19)

10 fonds d'artichauts cuits

3 c. à table (45 ml) de farine

1 tasse (250 ml) de lait

1 c. à table (15 ml) de jus de citron

3 c. à table (45 ml) de beurre

ail

1 c. à thé (5 ml) de moutarde en poudre

Mettre en purée les fonds d'artichauts et les assaisonner avec la moutarde, l'ail et le jus de citron.

Faire un roux. Y jeter le bouillon en remuant pour obtenir un mélange bien lisse. Faire cuire pendant 10 minutes et y mettre la purée d'artichauts.

Éclaircir la soupe avec le lait. Corriger l'assaisonnement et bien réchauffer.

Crème de tomates au cognac

15 tomates moyennes

1 gros oignon

2 tasses (500 ml) de crème épaisse

3 c. à table (45 ml) de beurre

4 c. à table (60 ml) de cognac

1 c. à thé (5 ml) de sucre brun

basilic

Ébouillanter les tomates pour les peler aisément.

Couper et broyer grossièrement dans un bol. Hacher l'oignon et le faire fondre dans une casserole où l'on aura fait chauffer préalablement le beurre jusqu'au brun. Ajouter les tomates et le basilic. Faire mijoter une demi-heure.

Passer au tamis et garder au chaud.

Faire chauffer lentement la crème et le sucre dans une autre casserole; ne pas faire bouillir. Y ajouter la soupe en battant. Mettre le cognac et assaisonner au goût.

Soupe au maïs

2 petites pommes de terre

1 3/4 tasse (450 ml) de maïs frais en grains

1/2 oignon

1/2 tasse (125 ml) de poivrons

1/2 tasse (125 ml) de crème légère

1 c. à table (15 ml) de sucre brun

2 c. à table (30 ml) de beurre

thym

paprika

Peler et mettre en dés les pommes de terre. Les cuire dans l'eau salée durant 20 minutes.

Pendant ce temps, faire sauter les oignons dans le beurre jusqu'à ce qu'ils soient tendres.

Mettre ensemble tous les ingrédients et faire mijoter durant 30 minutes.

Soupe printanière

3 tasses (750 ml) de bouillon à l'ail (voir p.19)

2 carottes

1/2 oignon

1/2 tasse (125 ml) de haricots verts

1/2 tasse (125 ml) de petits pois

1/2 poivron rouge

les grains d'un épi de maïs

2 c. à table (30 ml) de beurre

aneth

zestes d'un citron

poivre noir

Chauffer le bouillon à l'ail et y mettre les carottes en tranches fines, les haricots verts et les petits pois.

Faire mijoter une vingtaine de minutes. Ajouter le poivron et le maïs. Maintenir la cuisson une dizaine de minutes de plus.

Faire frire les oignons hachés dans le beurre. Les jeter dans le bouillon avec une bonne moulée de poivre noir, l'aneth et environ 1/2 c. à thé (2,5 ml) de zeste de citron râpé finement.

Servir bien chaud.

Soupe à l'oignon

4 tasses (1 l) de bouillon de pelures
de pommes de terre (voir p.18)

2 tasses (500 ml) d'eau

4 gros oignons espagnols

4 c. à table (60 ml) de beurre

2 c. à thé (10 ml) de jus de citron

gruyère râpé au goût

2 c. à table (30 ml) de brandy

laurier

thym

quelques tranches de pain croûté grillées

Hacher les oignons. Les sauter au beurre dans un poêlon jusqu'à ce qu'ils soient tendres et dorés.

Ajouter le bouillon, l'eau, le jus de citron, le brandy et les herbes; assaisonner et cuire durant une petite heure.

Verser la soupe dans des bols individuels allant au four. Placer dessus une tranche de pain recouverte généreusement de fromage. Gratiner à four très chaud et servir immédiatement.

Minestrone

6 tasses (1,5 l) de bouillon à l'ail (voir p.19)

3 carottes

3 petites courgettes

5 tomates bien mûres

2 pommes de terre moyennes

1 petit oignon

1 tasse (250 ml) de petits pois

1 poignée de spaghetti

3 c. à table (45 ml) d'huile d'olive

parmesan

basilic, origan, persil

ail

Peler les pommes de terre et les mettre en gros cubes. Trancher les carottes assez épais. Peler les tomates et les mettre en gros morceaux. Couper les courgettes en tranches.

Chauffer l'huile dans un gros poêlon, y ajouter l'oignon haché, les pommes de terre et les carottes. Sauter quelques minutes, ajouter l'ail, les herbes et le bouillon. Faire mijoter pendant 15 minutes.

Ajouter les courgettes et les 2/3 des tomates. Faire mijoter encore une dizaine de minutes. Mettre le reste des tomates et les spaghetti. Assaisonner au goût et laisser cuire une quinzaine de minutes.

Servir très chaud avec le parmesan râpé.

8 portions.

Gaspacho

3 tomates

1 poivron vert

1 petit oignon

1 tasse (250 ml) de jus de tomates

5 tiges de cresson

1 gros concombre

1/4 de tasse (60 ml) de vinaigre

1/3 de tasse (80 ml) d'huile d'olive

2 c. à table (30 ml) de jus de citron

2 c. à table (30 ml) de sucre brun

2 c. à table (30 ml) de mayonnaise

3 œufs

aneth

poivre de Cayenne

ail

Réduire en purée dans un malaxeur tous les légumes, ainsi que les œufs, le vinaigre, le jus de tomates et l'huile. Verser dans une casserole et ajouter les autres ingrédients à l'exception de la mayonnaise et du cresson.

Chauffer lentement et remuer constamment. Faire mijoter durant 2 ou 3 minutes. Retirer du feu et laisser refroidir. Mettre la mayonnaise et passer le tout au malaxeur à haute vitesse. Verser dans un bol et réfrigérer.

Servir en saupoudrant chaque bol de cresson finement haché.

Velouté aux tomates

6 tasses (1,5 l) de bouillon à l'ail (voir p.19)

350 g de pâte de tomates

1 tasse (250 ml) de crème légère

1/4 de tasse (60 ml) de lait condensé

1/4 de tasse (60 ml) de cognac

1/4 de tasse (60 ml) de farine

2 c. à table (30 ml) de sucre brun

1 c. à table (15 ml) de sauce Worcestershire

6 c. à table (90 ml) de jus de citron

3 c. à table (45 ml) de beurre

basilic

persil

Réduire les six tasses (1,5 l) de bouillon à l'ail à quatre tasses (1 l) en les faisant bouillir lentement avec le basilic. Ajouter la pâte de tomates, le cognac, la crème et le lait condensé. Bien mélanger et faire mijoter quelques minutes. Mettre le sucre brun, le jus de citron et la sauce Worcestershire.

Faire fondre le beurre dans un poêlon jusqu'au roux et incorporer la farine. Cuire quelques minutes. Ajouter la soupe lentement en remuant avec précaution.

Chauffer sans faire bouillir et servir en saupoudrant chaque bol de persil haché très fin.

Des sauces chaudes

**En yver toutes saulces
doivent estre plus fortes
qu'en esté.**

Le Ménagier de Paris

Sauce béchamel

2 1/2 tasses (625 ml) de lait chaud

3 c. à table (45 ml) de farine

3 c. à table (45 ml) de beurre

1/2 oignon

graines de thym

laurier

muscade

Faire fondre le beurre au bain-marie et le battre jusqu'à ce qu'il devienne mousseux. Mettre l'oignon finement haché et cuire durant 3 ou 4 minutes.

Incorporer la farine et laisser mijoter durant quelques minutes. Verser le lait chaud en agitant avec un fouet. Après épaississement, mettre les graines de thym, la feuille de laurier et la muscade en poudre. Assaisonner au goût et laisser cuire une quinzaine de minutes.

Passer au chinois.

Cette sauce est excellente avec les légumes cuits à l'eau ou à la vapeur.

Sauce béchamel au vin

Sauce béchamel de base (voir p. 36)

2 gousses d'ail

2 feuilles de laurier

3 c. à table (45 ml) de pâte de tomates

vin rouge

marjolaine

Préparer la béchamel comme précédemment mais ajouter dans le roux l'ail écrasé et deux feuilles de laurier. Enlever les feuilles de laurier au moment de verser le lait.

Lorsque la béchamel est prête, y mélanger la pâte de tomates, 2 c. à table (30 ml) de vin rouge et une bonne pincée de marjolaine en poudre.

Cette sauce est plus corsée et se sert avec les légumes.

Sauce au vin blanc

1 1/2 tasse (375 ml) de bouillon à l'ail (voir p.19)

5 champignons secs

3 c. à table (45 ml) de farine

1 tasse (250 ml) de vin blanc

2 c. à table (30 ml) de beurre

2 c. à table (30 ml) de crème légère

1 jaune d'œuf

Faire mijoter pendant 1 heure le bouillon et le vin dans lesquels on aura jeté les champignons secs. La casserole doit être fermée soigneusement pour éviter l'évaporation.

Chauffer le beurre dans la partie supérieure d'un bain-marie. Mettre la farine et laisser cuire quelques minutes en battant constamment. Ajouter alors le bouillon et le vin et faire mijoter durant une dizaine de minutes en remuant légèrement.

Battre le jaune d'œuf et la crème. Incorporer à la sauce. Assaisonner au goût.

Cette sauce est excellente avec les crêpes et les légumes.

Sauce aux herbes et au vin

2 1/2 tasses (625 ml) de bouillon de pelures de pommes de terre (voir p.18)

3/4 de tasse (190 ml) de vin blanc

3 c. à table (45 ml) de farine

3 c. à table (45 ml) de beurre

zeste de citron

romarin

estragon

ail

Faire diminuer le bouillon de moitié. Y ajouter le vin et les herbes et faire mijoter durant 5 minutes.

Faire fondre le beurre dans un poêlon émaillé. Y mettre la farine et cuire un peu. Ajouter le bouillon chaud en remuant constamment.

Mettre le jus de l'ail, le zeste de citron et laisser en ébullition 10 ou 15 minutes.

Cette sauce accommode les crêpes et les légumes.

Sauce aux champignons sans vin

50 g de champignons secs

2 1/2 tasses (625 ml) de pâte de tomates

2 ou 3 tasses (500 ou 750 ml) d'eau

3 gousses d'ail

1/2 oignon

poivre noir fraîchement moulu

basilic

origan

huile d'olive

beurre

sauce Worcestershire

Tremper les champignons secs dans l'eau et faire mijoter doucement jusqu'à ramollissement. Conserver l'eau de cuisson.

Couper les champignons en gros morceaux et sauter dans un peu de beurre avec l'oignon et l'ail.

Quand le mélange est doré, ajouter l'huile d'olive, la pâte de tomates et l'eau de cuisson des champignons. Mettre les herbes, la sauce Worcestershire et assaisonner au goût. Couvrir et cuire doucement pendant 2 heures. On peut ajouter de l'eau pour maintenir la consistance.

Pour les pâtes alimentaires chaudes.

Sauce de Provence

8 tomates moyennes

1 petit oignon

4 c. à table (60 ml) d'huile d'olive

3 gousses d'ail

vin blanc sec

estragon

persil

Hacher l'oignon et l'ail. Sauter le tout dans l'huile d'olive. Quand les oignons sont dorés mettre les tomates pelées et coupées en gros dés. Ajouter les herbes et assaisonner au goût. Faire cuire une demi-heure en ajoutant un peu de vin.

Cette sauce se conserve bien réfrigérée et se sert avec les pâtes alimentaires ou les omelettes.

Sauce hollandaise

3 jaunes d'œufs

1 c. à table (15 ml) de jus de citron

3 c. à table (45 ml) de beurre

poivre blanc

Battre les jaunes d'œufs jusqu'à consistance crémeuse et saler. Faire fondre le beurre dans une petite casserole. Incorporer le beurre fondu dans les œufs en alternant avec le jus de citron.

Cette sauce peut être réfrigérée puis réchauffée au bain-marie avant l'emploi. On peut également la servir froide comme une mayonnaise.

Sauce à l'aneth

1 tasse (250 ml) de bouillon de légumes (voir p.19)

2 à 3 c. à table (30 à 45 ml) de sherry sec

3 c. à table (45 ml) de beurre

3 c. à table (45 ml) de farine

1 tasse (250 ml) de lait

2 c. à table (30 ml) d'aneth en poudre

Faire un roux avec le beurre et la farine et ajouter le bouillon chaud en remuant avec un fouet. Mettre le lait et laisser cuire quelques minutes sur feu doux.

Assaisonner, mettre l'aneth et le sherry. Cuire lentement une dizaine de minutes en remuant fréquemment.

Servir cette sauce avec un soufflé aux légumes ou une omelette.

Sauce veloutée

2 1/2 tasses (625 ml) de bouillon de légumes (voir p.19)

3 ou 4 champignons secs

3 c. à table (45 ml) de beurre

3 c. à table (45 ml) de farine

1 petit oignon

5 grains de poivre noir

2 c. à table (30 ml) de jus de citron

Tenir le bouillon très chaud et y ajouter les grains de poivre, les champignons et quelques gouttes de citron. Laisser mijoter une dizaine de minutes et passer au chinois.

Faire chauffer le beurre et y mettre la farine pour obtenir un roux. Ajouter le bouillon chaud et l'oignon râpé. Assaisonner. Laisser cuire une dizaine de minutes à feu doux. Passer au chinois.

Verser le jus de citron.

On peut enrichir cette sauce en rajoutant deux jaunes d'œufs battus.

Mêmes usages que pour la sauce béchamel.

Sauce Mornay

2 tasses (500 ml) de sauce veloutée
(voir p. 44)

2 c. à table (30 ml) de beurre

2 jaunes d'œufs

1 c. à table (15 ml) de parmesan

1/2 tasse (125 ml) de gruyère râpé

1 tasse (250 ml) de crème

1/2 oignon

Confectionner une sauce veloutée. Ajouter l'oignon, les fromages râpés et le beurre. Cuire durant 5 minutes et tamiser. Battre les jaunes d'œufs et mélanger à la sauce avec un fouet.

Cette sauce est excellente avec des légumes, des omelettes ou des soufflés.

Sauce tomate simple

500 g de tomates italiennes

2 gousses d'ail

1 oignon

1 petite feuille de laurier

1 branche de persil

1 pincée de basilic

1 pincée d'origan

vin rouge

5 c. à table (75 ml) d'huile d'olive

Faire chauffer l'huile d'olive dans un grand poêlon et y sauter l'oignon et l'ail. Broyer les tomates pelées dans un malaxeur à haute vitesse. Verser les tomates dans le poêlon ainsi que les herbes et l'assaisonnement. Laisser mijoter pour au moins une demi-heure en ajoutant un peu d'eau si nécessaire.

Au moment de servir mettre quelques cuillerées à table de vin rouge selon le goût.

Pour les pâtes alimentaires chaudes.

3 portions.

Sauce aux tomates avec du vin

50 g de champignons secs

2 1/2 tasses (625 ml) de pâte de tomates

1 tasse (250 ml) de bouillon de pelures
de pommes de terre (voir p.18)

1 oignon

1 tasse (250 ml) de vin rouge

3 c. à table (45 ml) d'huile d'olive

2 gousses d'ail

persil, origan, basilic, laurier

zeste de citron

sauce Worcestershire

Mijoter les champignons dans le bouillon jusqu'à amolissement et les couper en gros morceaux, les conserver dans le bouillon.

Faire chauffer l'huile dans un poêlon, y faire frire l'ail et l'oignon avec les herbes et épices. Quand l'oignon est doré, mettre la pâte de tomates, le bouillon, les champignons et le zeste de citron.

Assaisonner. Mettre le vin. Cuire une vingtaine de minutes si la sauce est faite pour accompagner un plat au four (comme pour une lasagne); cuire une heure si la sauce doit aller avec des spaghetti.

On met la sauce Worcestershire juste avant de servir.

Des légumes cuits

Le corps d'un homme réduit en poussière, répandu dans l'air et retombant sur la surface de la terre, devient légumes ou froment.

«Résurrection», dans
Dictionnaire philosophique,

Voltaire

Ramequins
aux artichauts

500 g de cœurs d'artichauts bien égouttés

1 c. à table (15 ml) de vinaigre de vin blanc

3 c. à table (45 ml) d'huile d'olive

6 c. à table (90 ml) de crème sure

1 c. à table (15 ml) de brandy

1 1/2 tasse (375 ml) de parmesan

8 œufs

1 tasse (250 ml) de croûtons de pain frais

1 gousse d'ail

estragon

muscade

poivre de Cayenne

crème de tartre

Réduire en purée dans un malaxeur les cœurs d'artichauts, avec l'huile d'olive, le vinaigre, l'estragon et l'ail. Assaisonner au goût. En garnir le fond de huit ramequins.

Séparer les jaunes des blancs d'œufs. Bien mélanger les jaunes avec les autres ingrédients, sauf la crème de tartre que l'on mettra dans les blancs avant de les battre en mousse ferme. Mélanger délicatement les jaunes et les blancs battus et en recouvrir les ramequins.

Cuire au four de 350° F (180° C) durant 25 minutes.

Artichauts à la grecque

8 petits artichauts

4 gros artichauts

4 grosses carottes

4 grosses pommes de terre

1 oignon

3/4 de tasse (190 ml) d'huile d'olive

1 botte d'aneth fraîche

1 c. à table (15 ml) d'aneth en poudre

1 c. à thé (5 ml) de farine

2 citrons

14 petits oignons

Couper les tiges et le bout des feuilles des artichauts. Les frotter au citron et les mettre dans de l'eau salée.

Verser l'huile d'olive dans un plat allant au four. Y faire sauter l'oignon haché.

Pendant ce temps, gratter et couper les carottes en dés. Peler et couper les pommes de terre. Éplucher les petits oignons. Déposer tous ces légumes (à l'exclusion des artichauts) dans le plat et faire cuire quelques minutes, jusqu'à ce que les pommes de terre deviennent dorées. Ajouter alors la farine et l'aneth et bien mélanger.

Retirer le plat du feu. Y disposer les artichauts en les entourant des légumes. Arroser de jus de citron. Assaisonner au goût et recouvrir les légumes d'eau chaude.

Mettre le couvercle sur le plat et cuire au four de 350° F (180° C) durant une heure au moins. L'eau doit mijoter lentement.

Servir très chaud.

Tarte aux asperges

1 fond de tarte
1 kg d'asperges fraîches
1 1/2 tasse (375 ml) de sauce béchamel (voir p. 36)
1/2 tasse (125 ml) de gruyère

Faire cuire la pâte à tarte.

Laver les asperges et écarter les bouts durs. Couper en morceaux de 3 cm environ. Cuire à la vapeur pendant une dizaine de minutes jusqu'à ce qu'elles soient tendres.

Mettre les asperges dans la tarte, recouvrir de sauce béchamel et saupoudrer de gruyère.

Placer dans un four à 325° F (160° C) pendant une quinzaine de minutes pour permettre au plat de gratiner.

Servir chaud.

Soufflé aux asperges

1 tasse (250 ml) d'asperges cuites en morceaux

6 jaunes d'œufs

8 blancs d'œufs

4 c. à table (60 ml) de farine

1 1/2 tasse (375 ml) de lait

4 à 5 c. à table (60 à 75 ml) de parmesan râpé

persil frais

ciboulette

crème de tartre

Faire fondre le beurre dans un bain-marie. Y mettre la farine, puis le lait en remuant lentement pour obtenir une sauce lisse. Cuire jusqu'à consistance épaisse. Retirer du feu et ajouter les jaunes d'œufs un à un en fouettant continuellement. Mettre les herbes et assaisonnements au goût et ajouter le fromage et les asperges.

Battre les blancs d'œufs avec la crème de tartre jusqu'à ce qu'ils soient très fermes. Incorporer avec précaution dans le mélange précédent.

Mettre le tout dans un plat à soufflé beurré garni d'un col de papier.

Cuire de 35 à 40 minutes dans un four à 350° F (180° C). Servir immédiatement avec une sauce à l'aneth.

Aubergines au parmesan

1 grosse aubergine

1 1/2 tasse (375 ml) de pâte de tomates

1 tasse (250 ml) de parmesan

250 g de mozzarella en tranches

1 œuf

4 c. à table (60 ml) de lait

1/2 tasse (125 ml) de farine

germes de blé

8 c. à table (120 ml) d'huile d'olive

1/2 tasse (125 ml) de vin rouge

1 gousse d'ail

origan

Couper l'aubergine en tranches de 2 cm d'épaisseur. Tremper chacune d'entre elles dans la farine, dans l'œuf battu mélangé avec le lait et dans les germes de blé. Sauter dans l'huile d'olive jusqu'à ce qu'elles soient bien brunies des deux côtés.

Déposer les tranches dans un plat allant au four et les recouvrir de tranches de mozzarella. Les recouvrir avec la pâte de tomates diluée dans le vin rouge et assaisonner avec l'ail et l'origan. Saupoudrer le tout de parmesan râpé et cuire au four de 400° F (205° C) durant une quinzaine de minutes.

Servir très chaud.

Sauce aubergine

1 aubergine moyenne

3 tasses (750 ml) de tomates hachées fraîches

250 g de pâte de tomates

3/4 de tasse (190 ml) d'olives noires dénoyautées

2 tasses (500 ml) de vin blanc sec

1/2 tasse (125 ml) d'huile d'olive

3 c. à table (45 ml) de câpres

origan

3 gousses d'ail

Faire chauffer l'huile dans un grand plat. Hacher l'ail et le faire frire dans l'huile.

Hacher finement l'aubergine sans la peler. Mettre l'aubergine et tous les autres ingrédients dans l'huile. Bien mélanger. Couvrir le plat et faire mijoter à tout petit feu pendant 1 heure. Remuer à l'occasion et ajouter du vin si la consistance devient trop épaisse.

Se mange froid ou chaud.

Aubergine aux graines de sésame

1 grosse aubergine

2 1/2 c. à table (37,5 ml) de graines de sésame

3 c. à table (45 ml) de crème sure

1 c. à table (15 ml) de jus de citron

1 gousse d'ail

poivre noir fraîchement moulu

poivre de Cayenne

Piquer l'aubergine avec une fourchette et faire cuire dans un four à 350° F (180° C) durant une heure.

Laisser refroidir, retirer la peau et écraser soigneusement la chair avec tous les autres ingrédients à l'exception des graines de sésame.

Faire griller les graines de sésame dans un four très chaud, 400° F (205° C) jusqu'à ce qu'elles deviennent dorées. Laisser refroidir.

Incorporer la moitié des graines au mélange d'aubergine. Servir chaud en saupoudrant le restant des graines sur le plat de table.

Aubergine aux câpres

1 grosse aubergine

1 oignon

3/4 de tasse (190 ml) de céleri en petits cubes

1 c. à table (15 ml) de pâte de tomates

3 c. à table (45 ml) d'huile d'olive

3 c. à table (45 ml) de vinaigre de vin

3 c. à table (45 ml) de câpres

1 c. à table (15 ml) de sucre brun

12 olives noires

6 olives vertes

1 gousse d'ail

citron

Faire sauter l'aubergine en cubes dans l'huile d'olive; utiliser de préférence un poêlon en Téflon. Quand elle commence à ramollir, retirer du feu et mettre de côté. Faire sauter dans le poêlon l'ail et l'oignon haché jusqu'à ce qu'ils soient dorés. Mettre le céleri, la pâte de tomates et quelques cuillerées d'eau. Couvrir et cuire durant une dizaine de minutes en ajoutant de l'eau si nécessaire. Ajouter l'aubergine, les câpres, les olives dénoyautées et coupées. Chauffer dans une petite casserole le vinaigre et le sucre, puis le verser dans le poêlon. Faire mijoter durant 15 minutes.

Garnir avec des tranches de citron.

Se sert chaud ou froid.

Soufflé aux aubergines

1 aubergine moyenne

4 blancs d'œufs

3 jaunes d'œufs

1/3 de tasse (80 ml) de parmesan râpé

2 c. à table (30 ml) de farine

1 tasse (250 ml) de lait

2 c. à table (30 ml) de beurre

1 gousse d'ail

crème de tartre

Cuire l'aubergine au four chaud, 400° F (205° C) durant 45 minutes; elle doit être molle. Sortir la pulpe et la réduire en purée en la salant légèrement. Si l'aubergine est très aqueuse, il sied d'enlever l'excès d'eau.

Faire fondre le beurre au bain-marie et y ajouter l'ail écrasé. Mettre la farine et cuire au roux. Verser le lait en fouettant jusqu'à l'obtention d'une sauce assez épaisse. Retirer du feu, y mettre le fromage râpé et la chair de l'aubergine en purée. Rectifier l'assaisonnement. Mettre les jaunes d'œufs.

Battre les blancs avec la crème de tartre jusqu'à consistance épaisse. Incorporer les blancs battus à l'appareil précédent.

Mettre dans un plat à soufflé beurré avec un col de papier. Cuire à four chaud, 350° F (180° C) pendant 45 minutes environ.

Servir immédiatement.

Aubergine et tomates

1 grosse aubergine
2 grosses tomates fraîches
1 oignon
2 œufs
1 tasse (250 ml) de croûtons
1/2 tasse (125 ml) de cheddar
1/2 tasse (125 ml) de parmesan
2 c. à table (30 ml) de beurre
origan
paprika

Peler et mettre en tranches l'aubergine. Disposer dans un grand poêlon avec du sel et un peu d'eau bouillante. Couvrir et cuire 10 minutes. Égoutter, écraser et mélanger avec les œufs entiers battus, l'oignon, le beurre fondu, les herbes et les croûtons. Rectifier l'assaisonnement.

Beurrer un plat peu profond. En couvrir le fond avec des tranches de tomates. Disposer dessus l'appareil précédent en couche épaisse. Recouvrir avec des tranches de tomates. Saupoudrer avec les deux fromages soigneusement mélangés. Terminer avec un peu de paprika. Cuire à 375° F (190° C) durant 45 minutes.

Carottes au cari

8 carottes

1 tasse (250 ml) de jus d'orange frais

1 banane mûre

3 c. à table (45 ml) de raisins secs

4 c. à table (60 ml) de beurre

1 1/2 c. à table (22,5 ml) de fécule de maïs

1 c. à thé (5 ml) de poudre de cari

4 clous de girofle

5 graines de cardamome

1 1/2 c. à thé (7,5 ml) de curcuma

1 1/2 c. à thé (7,5 ml) de graines de moutarde

1 c. à table (15 ml) de graines de cumin

poivre de Cayenne

Gratter les carottes et trancher de biais. Placer dans une casserole avec le jus d'orange et assez d'eau pour couvrir. Saler. Faire mijoter 5 minutes.

Faire fondre le beurre dans un poêlon et mettre toutes les épices. Chauffer quelques instants et ajouter les carottes et leur jus, les raisins et la banane tranchée finement.

Faire mijoter durant une demi-heure. Si le jus paraît trop clair, l'épaissir avec de la fécule de maïs.

Servir chaud.

Champignons à la crème

750 g de champignons moyens

1/2 tasse (125 ml) de beurre

3 c. à table (45 ml) de sherry

1 petit oignon

Sauce:

2 c. à table (30 ml) de farine

2 tasses (500 ml) de crème légère

2 c. à table (30 ml) de beurre

2 jaunes d'œufs

poivre de Cayenne

muscade

5 tranches de pain rôties

Bien laver les champignons. Faire fondre le beurre dans un poêlon, ajouter les champignons et l'oignon et sauter le tout jusqu'à ce qu'ils soient presque tendres. Ajouter alors le sherry et mijoter une ou deux minutes.

Dans un autre poêlon faire fondre le beurre et mélanger avec la farine pour un roux. Ajouter la crème et remuer avec un fouet jusqu'à épaississement. Battre les jaunes d'œufs avec deux c. à table (30 ml) d'eau. Incorporer à la sauce.

Verser cette sauce sur les champignons et bien mélanger. Assaisonner au goût et mettre la muscade et le poivre de Cayenne.

Servir très chaud sur des rôties.

Champignons
à l'orientale

500 g de champignons

1 oignon

2 c. à table (30 ml) de pâte de tomates

1 tasse (250 ml) de bouillon de légumes (voir p.19)

1 tasse (250 ml) de vin rouge sec

thym

laurier

persil

Faire fondre le beurre dans un poêlon. Mettre le laurier et le thym et sauter quelques minutes. Ajouter l'oignon. Sauter. Mettre les champignons et continuer de sauter durant 3 ou 4 minutes, selon la grosseur des champignons. Ajouter le bouillon, le vin, la pâte de tomates et le persil. Assaisonner en insistant sur le poivre.

Faire mijoter durant vingt minutes ou plus, jusqu'à ce que le liquide se transforme en jus assez épais. Retirer la feuille de laurier et servir très chaud.

Quiche aux courgettes

1 fond de tarte

1 kg de courgettes fraîches

2 œufs

1 1/2 tasse (375 ml) de crème sure

1/2 tasse (125 ml) de parmesan

1/2 tasse (125 ml) de cheddar

1 tasse (250 ml) de croûtons de pain

2 c. à table (30 ml) de farine

un peu de beurre

ciboulette

Mélanger le parmesan et le cheddar et en incorporer la moitié dans la pâte à tarte. Réfrigérer la pâte. Mélanger le reste des fromages aux croûtons et réserver.

Laver et trancher les courgettes. Les faire dégorger durant 5 minutes dans une casserole d'eau bouillante, puis les égoutter. Battre les jaunes d'œufs avec la crème sure. Y ajouter la ciboulette hachée, la farine. Assaisonner au goût.

Battre les blancs d'œufs en neige ferme puis incorporer précautionneusement avec l'appareil précédent.

Dresser la pâte à tarte dans son moule. Disposer une rangée de tranches de courgettes, puis une couche de crème sure appareillée, puis une couche de courgettes, etc., jusqu'à épuisement. Finir avec l'appareil à la crème sure.

Saupoudrer avec le fromage et les croûtons. Mettre quelques noisettes de beurre. Cuire 10 minutes à four chaud, 450° F (235° C). Puis réduire la chaleur à 325° F (160° C) et maintenir au four durant 40 minutes. 8 portions.

Épinards à la provençale

1 kg d'épinards frais

1 tasse (250 ml) de parmesan râpé

2 œufs

1 oignon

1 gousse d'ail

beurre

huile d'olive

Bien laver les épinards et enlever les tiges. Chauffer l'huile d'olive et y sauter l'oignon et l'ail hachés durant quelques minutes. Ajouter les épinards et couvrir. Quand ils auront réduit (2 ou 3 minutes), bien les mélanger avec les oignons et l'ail. Assaisonner. Cuire encore quelques minutes et retirer du feu.

Beurrer un plat allant au four. Mélanger les deux œufs battus aux épinards tièdes, ainsi que le parmesan râpé. Rectifier l'assaisonnement et verser dans le plat. Saupoudrer d'un peu de fromage et agrémenter de quelques noisettes de beurre.

Cuire au four de 375° F (190° C) durant 10 minutes.

Servir très chaud.

Feuilles de vigne farcies

1 aubergine moyenne

500 g de tomates

1 oignon

4 tasses (1 l) de riz cuit à longs grains

1 pot de feuilles de vigne

1/3 de tasse (80 ml) d'huile d'olive

3 c. à table (45 ml) de jus de citron

1 gousse d'ail

aneth

basilic

origan

Peler l'aubergine et hacher finement. Faire frire l'oignon dans l'huile d'olive, puis y mettre l'aubergine, le jus de citron, l'origan, l'aneth et l'ail. Ajouter 1/2 tasse (125 ml) d'eau chaude. Bien mélanger et assaisonner au goût. Laisser mijoter une heure, le temps que l'aubergine soit bien tendre et que l'eau soit presque évaporée. Retirer du feu et mettre le riz cuit. Mélanger et rectifier l'assaisonnement.

Bien rincer les feuilles de vigne. Les farcir et replier soigneusement les bouts.

Hacher les tomates pelées et les assaisonner avec le basilic. Disposer les feuilles de vigne farcies dans un plat huilé allant au four. Les recouvrir de tomates. Couvrir et faire cuire une demi-heure au four à 350° F (180° C).

Tarte à l'oignon lyonnaise

1 fond de pâte à tarte

2 oignons

4 œufs

3/4 de tasse (190 ml) de crème légère

1/2 tasse (125 ml) de gruyère

3/4 de tasse (190 ml) de lait

4 c. à table (60 ml) de beurre

muscade

Dresser la pâte dans une tourtière et réfrigérer. Piquer le fond et cuire.

Peler et hacher les oignons grossièrement. Sauter au beurre jusqu'à consistance tendre. Battre les œufs entiers dans un bol, y ajouter la crème, le lait, le fromage et la muscade râpée. Assaisonner au goût.

Étendre les oignons sur la pâte à tarte et y verser le mélange. Saupoudrer d'un peu de muscade et cuire au four à 350° F (180° C) pendant une demi-heure.

Servir chaud ou froid.

Jusqu'à 8 portions.

Poivrons farcis

6 poivrons verts moyens

5 tomates

1 tasse (250 ml) de petits pois cuits

4 1/2 tasses (1,125 l) de riz brun cuit

2 c. à table (30 ml) d'huile d'olive

aneth

origan

Ébouillanter les poivrons, les ouvrir et enlever les graines à l'aide d'une cuillère. Mélanger ensemble le riz, les petits pois, l'huile d'olive, l'aneth. Assaisonner au goût.

Remplir les poivrons avec cet appareil et ranger dans un plat allant au four. Saupoudrer d'origan et placer les tomates découpées en morceaux tout autour. Mettre de l'eau pour couvrir presque les poivrons. Couvrir le plat et faire mijoter dans un four moyen durant 1 heure.

Tomates provençales

6 grosses tomates fermes

3/4 de tasse (190 ml) de croûtons

3 échalotes

3 gousses d'ail

huile d'olive

persil

thym

Ouvrir les dessus des tomates et en retirer la pulpe. Égoutter les tomates en les tournant à l'envers.

Mélanger les herbes, les échalotes hachées et l'ail pressé à la pulpe et assaisonner au goût.

Ajouter les croûtons de pain et bien mélanger pour obtenir une pâte épaisse. Remplir les tomates avec ce mélange.

Enduire un plat d'huile. Y déposer les tomates. Cuire pendant 30 minutes au four à 350° F (180° C).

Servir très chaud.

Salade de poivrons

4 gros poivrons doux rouges

12 olives noires marinées

1 gousse d'ail

huile d'olive

jus de citron

Rôtir les poivrons au four jusqu'à ce que la peau soit noire (environ 20 minutes). La retirer. Enlever les graines.

Couper les poivrons en languettes et mélanger aux olives dénoyautées et coupées en tranches. Mettre l'ail, l'huile d'olive et le jus de citron. Bien mélanger sans écraser les poivrons.

Dresser sur une assiette et servir froid ou chaud.

Ratatouille

2 petits poivrons verts

1 petit piment rouge fort

3 courgettes moyennes

1 petite aubergine

1 petit concombre

1 oignon

1 tasse (250 ml) de bouillon de légumes (voir p.19)

1 tasse (250 ml) de bouillon de pelures
de pommes de terre (voir p.18)

3/4 de tasse (190 ml) de pâte de tomates

2/3 de tasse (160 ml) de sauce vinaigrette simple
(voir p.128)

4 c. à table (60 ml) d'huile d'olive

3 gousses d'ail

Peler et hacher l'oignon. Couper l'aubergine en
petits cubes. Mettre les poivrons en quartiers et les
courgettes en tranches épaisses. Peler et égrener
le concombre; puis le couper en petits cubes.
Hacher finement le piment fort et écraser les
gousses d'ail.

Faire chauffer l'huile d'olive dans un grand poêlon et
y mettre le piment fort et l'ail. Ajouter l'oignon après
deux ou trois minutes de cuisson. Puis, ajouter dans
l'ordre les courgettes, l'aubergine, les poivrons.
Bien mélanger.

Mélanger dans un bol le bouillon de légumes, le
bouillon de pelures de pommes de terre et la pâte
de tomates. Verser ce mélange sur les légumes et
ajouter le concombre.

Cuire le tout à feu doux, durant environ 1 heure, le
temps que le liquide soit presque complètement

évaporé. Mettre les tomates fraîches coupées en morceaux moyens deux ou trois minutes avant la fin de la cuisson.

Laisser refroidir la ratatouille. Y verser la vinaigrette.

Mettre au réfrigérateur pour servir très frais.

8 portions.

Tarte aux légumes à la russe

Pâte:

1 1/2 tasse (375 ml) de farine

1/2 tasse (125 ml) de fromage à la crème ramolli

3 c. à table (45 ml) de beurre

1 c. à thé (5 ml) de sucre

Garniture:

3 tasses (750 ml) de chou râpé

1 oignon

250 g de champignons

3 c. à table (45 ml) de beurre

1/2 tasse (125 ml) de fromage à la crème ramolli

4 œufs cuits durs

marjolaine

aneth

basilic

estragon

Faire d'abord la pâte en mélangeant les ingrédients secs, le beurre et le fromage à la crème. Saler un peu. Prendre les 2/3 de cette pâte pour foncer un moule à tarte. Le reste servira de couvercle. Réfrigérer.

Faire fondre dans un grand poêlon deux c. à table (30 ml) de beurre. Ajouter l'oignon haché et le chou râpé. Sauter quelques minutes en remuant constamment. Mettre les herbes et assaisonner au goût. Laisser mijoter pour que les oignons et le chou soient bien tendres. Retirer du feu et mettre de côté.

Faire sauter les champignons coupés en dés dans un peu de beurre. Réserver.

Étaler le fromage à la crème sur le fond de la tarte. Mettre dessus les œufs durs tranchés. Saupoudrer d'un peu d'aneth et couvrir avec le chou et l'oignon. Mettre les champignons et recouvrir la tarte avec son couvercle de pâte.

Faire quelques entailles et cuire dans un four de 400° F (205° C) pendant 15 minutes. Réduire la température à 350° F (180° C) et continuer la cuisson durant 20 minutes.

Crêpes aux légumes

3 oignons

5 échalotes

3 poivrons verts

4 tomates

2 œufs

1/3 de tasse (80 ml) de farine

1/3 de tasse (80 ml) de lait

3 c. à table (45 ml) d'huile d'olive

1 c. à table (15 ml) de beurre

1/3 de tasse (80 ml) de gruyère râpé

1/3 de tasse (80 ml) de parmesan râpé

1 gousse d'ail

persil

basilic

Faire chauffer l'huile d'olive dans un grand poêlon, y sauter les oignons et les échalotes hachés, l'ail écrasé et les poivrons coupés en petits cubes. Ajouter les tomates pelées et coupées en morceaux. Augmenter la chaleur. Mettre les herbes et assaisonner au goût. Continuer la cuisson vivement jusqu'à évaporation de l'eau. Retirer du feu.

Faire la pâte à crêpes avec les œufs, le lait, la farine et le beurre fondu. Assaisonner légèrement et laisser reposer une demi-heure.

Quand les légumes sont refroidis les jeter dans la pâte et bien remuer. Confectionner les crêpes et les tenir bien dorées de chaque côté.

Saupoudrer chacune d'entre elles avec les fromages râpés et placer sous le gril du four durant quelques minutes.

Où il entre plutôt du fromage

Apprenez que tout
flatteur
Vit aux dépens de celui
qui l'écoute;
Cette leçon vaut bien un
fromage sans doute

La Fontaine

Fondue aux tomates

200 g de pâte de tomates

3/4 de tasse (190 ml) de cheddar fort

2 c. à table (30 ml) de farine

1 tasse (250 ml) de lait

4 c. à table (60 ml) de brandy

4 brioches à l'anglaise

moutarde sèche

poivre de Cayenne

1 pincée de bicarbonate de soude

Râper le fromage, le mélanger avec la pâte de tomates, le brandy et le bicarbonate de soude.

Faire fondre le beurre à feu doux et faire un roux avec la farine. Ajouter le lait. Lorsque la sauce commence à épaissir, ajouter le mélange précédent, assaisonner au goût avec les épices. Lorsque le fromage est bien fondu, cuire encore 10 minutes à feu très doux. Le mélange doit être très lisse.

Servir sur les brioches grillées.

Galettes au fromage

2 tasses (500 ml) de fromage cottage

6 œufs

2/3 de tasse (160 ml) de farine

2 c. à table (30 ml) de sucre

huile ou beurre

cannelle

crème de tartre

Mélanger ensemble les six jaunes d'œufs et le fromage cottage. Puis y jeter la farine, le sucre, une pincée de cannelle. Saler légèrement.

Battre les blancs d'œufs avec la crème de tartre. Les incorporer au mélange précédent.

Frire dans un grand poêlon avec du beurre ou de l'huile.

Servir comme plat d'accompagnement avec de la crème sure ou comme dessert avec du miel ou du sirop d'érable.

Crêpes au fromage

20 crêpes
100 g de gruyère
30 g de parmesan
8 c. à table (120 ml) de farine
2 tasses (500 ml) de lait
3 jaunes d'œufs
6 c. à table (90 ml) de beurre
poivre noir
muscade
sauce au vin blanc (voir p. 38)

Préparer les crêpes et les tenir au chaud.

Faire un roux dans une casserole avec le beurre et la farine. Ajouter le lait, puis les fromages pour obtenir une sauce très lisse. Retirer du feu. Laisser tiédir et ajouter les jaunes d'œufs battus, les épices et assaisonner au goût.

Huiler un plat carré et y étendre la sauce. Réfrigérer pour qu'elle devienne ferme. La couper alors en vingt morceaux que l'on enveloppe individuellement dans les crêpes. Bien fermer les bouts.

Disposer les crêpes farcies dans un plat allant au four et réchauffer à 400° F (205° C) durant 20 minutes.

Servir immédiatement avec un accompagnement de sauce au vin blanc.

Soufflé au fromage
et aux noix de Grenoble

1 tasse (250 ml) de cheddar doux

3/4 de tasse (190 ml) de noix de Grenoble

1 tasse (250 ml) de pâte de tomates

1/2 oignon

4 jaunes d'œufs

6 blancs d'œufs

3 c. à table (45 ml) de farine

1/2 tasse (125 ml) de crème sure

2 c. à table (30 ml) de beurre

1 gousse d'ail

thym

moutarde sèche

crème de tartre

Faire sauter l'oignon haché finement et l'ail écrasé dans le beurre jusqu'à ce qu'ils soient transparents. Mettre le thym et incorporer la farine. Faire un roux, puis ajouter la pâte de tomates et la crème sure. Remuer avec un fouet pour obtenir une sauce lisse. Lorsque la sauce a pris consistance, battre à nouveau avec un fouet et mettre les noix et le fromage. Laisser fondre. Retirer du feu et mettre la moutarde et les jaunes d'œufs. Assaisonner au goût.

Battre les blancs d'œufs en neige ferme. Mélanger avec la sauce très précautionneusement. Mettre le mélange dans un plat à soufflé graissé et placer dans un four à 400° F (205° C) pour quelques instants. Ramener le four à 375° F (190° C) et cuire pendant 40 minutes.

Fondue au fromage

2 tasses (500 ml) de gruyère suisse

1 1/2 tasse (375 ml) de vin blanc sec
(de préférence du Riesling)

2 1/2 c. à table (37,5 ml) de farine

4 cuil. à table (60 ml) de kirsch

1 grosse gousse d'ail

poivre noir

cubes de pain

Râper le fromage et le mélanger avec la farine.
Frotter la casserole à fondue avec la gousse d'ail et
la laisser au fond. Chauffer la casserole et y verser
le vin. Quand il commence à mijoter, baisser le feu
et mettre le fromage petit à petit en remuant avec
une cuillère en bois. Quand la sauce est bien lisse,
mettre le poivre et le kirsch.

Servir sur un réchaud avec les cubes de pain.

Fondue suisse
au cheddar

1 tasse (250 ml) de gruyère

1 tasse (250 ml) de cheddar fort

3 c. à table (45 ml) de farine

1 1/2 tasse (375 ml) de vin blanc sec

1 gousse d'ail

1 c. à table (15 ml) de jus de citron

2 c. à table (30 ml) de rhum

muscade

pain en cubes

Mélanger les deux fromages râpés avec la farine.
Frotter la casserole à fondue avec la gousse d'ail et
la laisser dans le fond. Mettre le vin dans la
casserole; quand il mijote ajouter le fromage en
remuant avec une cuillère de bois. Quand le
fromage est fondu, mettre le rhum, le jus de citron
et la muscade. Continuer à cuire pendant 5 minutes.

Servir sur un réchaud avec les cubes de pain.

Mousse au fromage

300 g de roquefort

1 tasse (250 ml) de crème légère

1 tasse (250 ml) de crème à fouetter

2 enveloppes de gélatine

3 œufs

crème de tartre

Faire dissoudre la gélatine dans la crème légère sur feu très doux. Réserver le tout.

Battre les jaunes d'œufs jusqu'à ce qu'ils deviennent clairs et mousseux. Y incorporer l'appareil précédent avec précaution. Mettre sur le feu jusqu'à consistance épaisse. Écraser le roquefort avec une fourchette et incorporer dans la sauce. Bien mélanger et réfrigérer.

Battre la crème fraîche et mettre les blancs d'œufs en neige ferme. Incorporer la sauce froide à la crème fouettée, puis aux œufs en neige. Verser le tout dans un moule huilé et mettre au réfrigérateur pour quelques heures.

Renverser sur un plat agrémenté de feuilles de laitue et servir.

8 portions.

Soufflé au fromage

3/4 de tasse (190 ml) de gruyère

2 c. à table (30 ml) de parmesan

6 jaunes d'œufs

8 blancs d'œufs

4 c. à table (60 ml) de farine

1 1/2 tasse (375 ml) de lait

zeste de citron

moutarde de Dijon

ail en poudre

poivre de Cayenne

crème de tartre

Faire un roux avec le beurre et la farine. Mettre le lait pour obtenir une sauce épaisse et lisse. Retirer du feu. Mélanger le fromage. Épicer et assaisonner au goût. Quand la sauce est tiède y battre les jaunes d'œufs.

Mettre les blancs d'œufs en neige ferme.

Préparer un plat à soufflé, l'huiler et lui ajouter un col en papier d'aluminium. Mélanger les blancs d'œufs en neige avec la sauce. Verser l'appareil dans le plat.

Mettre au four à 400° F (205° C) pour quelques instants et réduire ensuite la chaleur à 375° F (190° C). Faire cuire durant 40 minutes et servir immédiatement avec une sauce au vin blanc.

Ramequins au fromage

3/4 de tasse (190 ml) de romano

3/4 de tasse (190 ml) de gruyère

1/2 tasse de ricotta

5 œufs

2 c. à table de brandy

thym

muscade

poivre de Cayenne

moutarde sèche

Battre les jaunes d'œufs avec le brandy et les épices. Y mélanger soigneusement les fromages râpés.

Battre les blancs d'œufs en neige ferme et les mélanger à l'appareil précédent.

Verser dans 4 ramequins. Mettre au four à 435° F (225° C) durant 15 minutes.

Servir immédiatement.

Pizza à l'ancienne

Un fond de pâte à tarte

500 g de ricotta

1 tasse (250 ml) de parmesan

250 g de mozzarella en tranches

5 œufs

250 g de pâte de tomates

1 oignon

1 gros poivron vert

2 douzaines d'olives noires

2 gousses d'ail

2 c. à table (30 ml) d'huile d'olive

persil, marjolaine, origan

Préparer le fond de tarte avec la moitié de la pâte dans un plat allant au four

Battre les œufs, y mélanger le ricotta, l'oignon haché, le persil, le parmesan et assaisonner au goût. Mettre de côté. Chauffer l'huile dans une petite casserole, y mettre l'ail écrasé et les herbes. Quand l'ail est bien doré, y ajouter la pâte de tomates et les olives en tranches. Assaisonner.

Étendre l'appareil à ricotta sur le fond de la tarte, puis la moitié du mozarella en tranches, la sauce tomate et la moitié des poivrons verts émincés. Répéter l'opération dans le même ordre. Couvrir avec l'autre moitié de pâte à tarte. Bien fermer les rebords et faire trois incisions sur le dessus.

Faire cuire à four très chaud de 425° F (220° C) pendant 30 minutes.

Laisser reposer 1 heure avant de servir.

8 portions.

Où il entre plutôt des œufs

Voici ce que les anciens disent sur l'œuf: les uns l'appellent la pierre de cuivre, la pierre d'Arménie, d'autres la pierre encéphale, d'autres la pierre éthérienne, d'autres la pierre qui n'est pas une pierre, d'autres la pierre égyptienne, d'autres l'image du monde...

Manuscrit hermétique anonyme

Œufs aux courgettes

2 kg de courgettes

6 œufs

3 échalotes

2 c. à table (30 ml) d'huile d'olive

2 c. à table (30 ml) de beurre

sauce hollandaise (voir p. 42)

Laver les courgettes et les râper sans les peler. Les mettre à dégorger dans un grand bol avec 2 c. à thé (10 ml) de sel durant cinq minutes. Les sortir, les presser soigneusement pour en retirer l'excès d'eau et les placer sur une serviette de papier absorbant. Réserver.

Faire sauter l'échalote hachée dans un grand poêlon où l'on aura préalablement fait chauffer l'huile d'olive et le beurre. Après quelques minutes, rajouter les courgettes et faire cuire 10 minutes en remuant constamment.

Beurrer six petits plats allant au four. Foncer avec les courgettes. Casser un œuf par-dessus et faire cuire au four à 350° F (180° C) durant une quinzaine de minutes. Le blanc des œufs doit être ferme et le jaune tendre.

À la sortie du four déposer sur chaque plat une cuillerée de sauce hollandaise et servir immédiatement.

Œufs farcis

6 œufs durs

5 c. à table (75 ml) de crème sure

5 c. à table (75 ml) d'aneth frais

Écailler les œufs, les trancher en deux et sortir les jaunes. Piler ces derniers dans un bol avec la crème sure et l'aneth soigneusement haché. Assaisonner au goût et farcir le blanc des œufs avec cet appareil.

Servir très froid.

Œufs au persil

6 œufs

une botte de persil frais

4 c. à table (60 ml) de beurre

3 c. à table (45 ml) de beurre

Faire cuire les œufs durs. Dès qu'ils sont cuits les tremper dans de l'eau glacée et laisser refroidir.

Couper les œufs en deux dans le sens de la largeur en ayant soin de ne pas briser les coquilles inutilement. Sortir les œufs avec une petite cuillère, mettre dans un bol et réserver les coquilles.

Piler les œufs avec le persil haché, 4 c. à table (60 ml) de beurre et l'assaisonnement. En faire une pâte presque lisse dont on remplit les demi-coquilles.

Faire fondre 3 c. à table (45 ml) de beurre dans un grand poêlon et y déposer les œufs, le côté ouvert contre le poêlon. Faire chauffer à feu très doux environ 10 minutes.

Servir immédiatement sur un plat de service.

Œufs à la florentine

4 œufs

1 kg d'épinards frais

4 c. à table (60 ml) de parmesan

3 c. à table (45 ml) d'huile d'olive

beurre

sauce béchamel (voir p. 36)

Laver et équeuter les épinards. Faire chauffer l'huile dans un poêlon et y faire cuire les épinards durant cinq minutes. Remuer pour que les feuilles soient bien recouvertes d'huile. Laisser cuire encore quelques minutes et assaisonner au goût.

Beurrer un plat de profondeur moyenne allant au four et y déposer les épinards en prenant soin que les bords soient plus élevés que le centre.

Faire quatre petites cavités au centre des épinards à l'aide d'une cuillère. Y verser un peu de beurre fondu et y casser un œuf en prenant soin de ne pas briser le jaune.

Saupoudrer de parmesan et napper avec de la sauce béchamel. Mettre dans un four à 350° F (180° C) durant 15 minutes.

Servir très chaud.

Œufs aux champignons

6 œufs durs

1 tasse (250 ml) de champignons

2 c. à table (30 ml) d'huile d'olive

2 c. à table (30 ml) d'aneth séché

Sauce:

3 c. à table (45 ml) de farine

2 tasses (500 ml) de lait

3 c. à table (45 ml) de beurre

cari

paprika

Écailler les œufs, les ouvrir et retirer les jaunes. Piler les jaunes dans un bol avec la crème sure et l'aneth. Assaisonner en insistant sur le poivre. Ajouter les champignons hachés préalablement sautés dans un peu de beurre. Farcir les blancs d'œufs avec cet appareil.

Faire un roux avec le beurre et la farine, mettre la poudre de cari et le lait, assaisonner au goût et cuire pour obtenir une sauce lisse.

Disposer les œufs dans un plat allant au four. Napper avec la sauce. Saupoudrer de paprika et cuire pendant 15 minutes dans un four à 375° F (190° C).

Servir immédiatement.

Omelette simple pour deux

5 œufs

2 c. à thé (10 ml) de parmesan râpé

1 c. à table (15 ml) d'eau

2 c. à table (30 ml) de beurre

Casser 4 œufs dans un bol, ajouter le cinquième jaune et réserver le blanc dans un autre petit récipient. Battre les œufs avec l'eau, le fromage râpé et l'assaisonnement au goût. Mettre le blanc en neige ferme.

Faire chauffer le beurre dans une poêle. Au moment de verser les œufs, mélanger vivement les œufs entiers et le blanc en neige.

Faire cuire à feu vif en feuilletant l'omelette. C'est-à-dire que l'on doit ramener les bords qui cuisent plus vite au centre de la poêle.

Plier l'omelette en deux et servir immédiatement.

Omelette au fromage et aux poivrons

5 œufs

1/2 tasse (125 ml) de parmesan

1/2 tasse (125 ml) de gruyère

1 petit poivron vert doux

beurre

Battre les œufs, y mettre le parmesan et assaisonner. Émincer finement les poivrons.

Faire une omelette. Quand elle est presque cuite mais encore baveuse y mettre le gruyère et le poivron.

Mettre alors l'omelette sous le gril du four durant 3 minutes pour permettre au gruyère de fondre.

Plier l'omelette en deux et servir immédiatement.

Omelette
aux champignons

5 œufs

12 champignons frais

2 échalotes

1 c. à table (15 ml) de crème

beurre

Laver et émincer les champignons ainsi que les échalotes. Battre les œufs avec la crème et assaisonner au goût.

Faire chauffer la poêle, y faire sauter les échalotes quelques instants et ajouter les champignons.

Faire une omelette avec les œufs en feuilletant soigneusement.

Mettre les échalotes et les champignons au centre de l'omelette. Plier en deux.

Servir immédiatement.

Omelette aux pommes et au roquefort

5 œufs

1 pomme ferme

60 g de roquefort

3 c. à table (45 ml) de parmesan

2 c. à table (30 ml) de beurre

Battre les œufs dans un bol avec le parmesan râpé. Assaisonner au goût.

Peler la pomme et la mettre en tranches en enlevant les pépins.

Faire fondre 1 c. à table (15 ml) de beurre dans un poêlon et y jeter les pommes. Sauter vivement pendant 1 minute, juste le temps de réchauffer. Retirer les pommes, remettre du beurre dans le poêlon et y faire l'omelette que l'on tient un peu baveuse.

Mettre les quartiers de pommes et le roquefort émietté au centre; plier en deux.

Servir immédiatement.

Où il entre plutôt des noix

Mes Stromates renferment la vérité mêlée aux dogmes de la philosophie, ou plutôt enveloppée et recouverte par eux comme par la coque la partie comestible de la noix.

Saint Clément d'Alexandrie

Asperges aux amandes

1 kg d'asperges fraîches en saison

2 tasses (500 ml) de sauce béchamel (voir p. 36)

150 g de gruyère ou de parmesan râpé

1 tasse (250 ml) d'amandes émincées

le jus d'un citron

sel et poivre

Cuire à la vapeur les asperges pour qu'elles soient tendres mais non molles. Faire une sauce béchamel agrémentée de jus de citron et de la moitié du fromage râpé. Dresser dans un plat graissé une couche d'asperges et une couche de sauce béchamel alternativement. Terminer avec les amandes et le restant du fromage. Gratiner au four.

Pain brun de noix

2 gros oignons

2 gousses d'ail

100 g de champignons de couche

100 g de margarine ou de beurre

1 c. à thé rase (5 ml) de farine complète

1 tasse (250 ml) de bouillon

2 œufs battus

300 g d'amandes ou de noisettes moulues

150 g de miettes de pain complet

romarin, basilic, céleri

1 c. à thé (5 ml) de «Marmite»

sel et poivre

Hacher finement les oignons et les champignons et faire frire dans une poêle avec les herbes jusqu'à ce que le mélange soit légèrement brun. Ajouter la farine et la «Marmite». Bien mélanger en ajoutant de l'eau, jusqu'à consistance épaisse. Ajouter alors les œufs battus. Cuire deux minutes. Ajouter les noix moulues et les miettes de pain. Assaisonner au goût. Bien graisser un plat pouvant aller au four et y placer le mélange. Couvrir avec une feuille de papier d'aluminium et placer dans le four pour une heure, à 350° F (180° C).

Servir avec une sauce brune ou de la gelée de groseilles. On peut accompagner ce pain avec un légume vert cuit à la vapeur.

Note: ce pain de noix sert également à la préparation d'autres plats. Voir recettes suivantes.

Sauce brune
pour pain de noix

30 g de graisse

30 g de farine complète

2 tasses (500 ml) d'eau ou de bouillon de légumes (voir p.19)

«Marmite»

poudre de cari

graines de céleri

sel et poivre

Faire fondre le gras et y mélanger la farine et cuire jusqu'à l'obtention d'une mixture brun foncé.
Ajouter le liquide et la «Marmite» et tourner jusqu'à ébullition. Assaisonner avec le cari, les graines de céleri et cuire jusqu'à consistance épaisse.

On sert à part ou l'on peut napper le pain de noix.

Hachis de tomates
aux noix

1 gros oignon
1 kg de tomates
350 g de noix de Grenoble ou de noisettes moulues
150 g de miettes de pain complet
60 g de margarine ou de beurre
basilic
2 c. à thé (10 ml) de chutney doux
sel et poivre

Hacher l'oignon soigneusement et le faire frire dans le corps gras avec le basilic. Ajouter les tomates et cuire une dizaine de minutes pour bien évaporer l'eau. Ajouter les autres ingrédients et continuer la cuisson durant 20 minutes.

Servir avec des petits triangles de pains frits saupoudrés de persil. On peut accompagner ce plat avec des pommes de terre en purée, des poireaux, des carottes ou des pois cuits à l'étuvée.

Fricassée de pain de noix

2 gros oignons

150 g de champignons de couche

500 g de tomates

30 g de beurre ou de margarine

500 g de pain de noix (voir recette p. 99)

1 feuille de laurier

sel et poivre

Hacher l'oignon finement. Couper en quatre les champignons et les faire frire dans le corps gras avec l'oignon et la feuille de laurier durant 10 minutes. Ajouter les tomates. Cuire un peu pour laisser évaporer l'eau. Jeter dans le mélange le pain de noix coupé en dés. Laisser le temps nécessaire pour qu'il chauffe.

Servir avec des épinards ou des pois verts.

Chausson aux champignons et au pain de noix

Pâte à tarte
1 oignon
150 g de champignons de couche
30 g de beurre ou de margarine
500 g de pain de noix (voir recette p. 99)
1 c. à table (15 ml) de chutney doux
sel et poivre

Dresser la pâte à tarte en large ovale. Hacher l'oignon et les champignons. Les faire frire pour qu'ils soient tendres. Couper le pain de noix en petits cubes et mélanger tous les autres ingrédients. Assaisonner. Placer le mélange sur une moitié de la pâte à tarte. Replier pour former une demi-lune. Bien fermer les bords et badigeonner le dessus avec du jaune d'œuf. Faire cuire au four à 375° F (190° C), environ 15 minutes.

Servir avec une sauce brune (voir page 100).

Potée croûtée aux légumes et aux noix

2 carottes	
2 oignons	
4 tiges de céleri	
4 tomates	
30 g de beurre ou de margarine	
2 tasses (500 ml) de bouillon de légumes (voir p.19)	
500 g de pain de noix (voir p.99)	
200 g de pâte à tarte (ou purée de pommes de terre)	
1 c. à thé (5 ml) d'herbes sèches diverses	
2 c. à thé (10 ml) de farine complète	
1 c. à thé (5 ml) de «Marmite»	
1 c. à thé (5 ml) de chutney doux	
sel et poivre	

Préparer les légumes. Les couper en petits dés et les frire doucement dans le corps gras avec les herbes pendant 10 minutes. Ajouter la farine en pluie et la «Marmite». Mouiller avec le bouillon et cuire environ une demi-heure jusqu'à ce que les légumes soient tendres. Ajouter le chutney et le pain de noix coupé en dés. Assaisonner au goût. Placer le tout dans un pot de terre allant au four et recouvrir avec la pâte à tarte ou la purée de pommes de terre. Cuire 30 minutes dans un four à 375° F (190° C).

Flan aux champignons et aux noix

1 petit oignon
350 g d'amandes moulues
175 g de miettes de pain complet
2 œufs
1 c. à thé (5 ml) d'herbes diverses
1/2 c. à thé (2,5 ml) de graines de céleri
30 g de beurre ou de margarine
1 1/2 tasse (375 ml) de lait
sel et poivre

Hacher l'oignon et le cuire dans la margarine ou le beurre avec les fines herbes et les graines de céleri jusqu'à consistance tendre mais non brune. Mettre la farine en pluie, puis le lait et tourner jusqu'à épaississement. Ajouter tous les autres ingrédients et assaisonner au goût. Cuire 2 minutes et laisser refroidir. Placer le mélange au fond d'un plat et le mouler en forme de croûte à tarte. Faire cuire au four à 350° F (180° C) durant 30 minutes. Le remplir du «flan aux champignons». Replacer dans le four durant 10 minutes.

Farce aux champignons

1 petit oignon

30 g de beurre

350 g de champignons de couche

2 c. à thé (10 ml) de farine complète

2 1/4 tasses (560 ml) de lait

1 c. à thé (5 ml) de marjolaine

sel et poivre

Hacher l'oignon et le frire durant 10 minutes avec les champignons émincés et les herbes. Ajouter la farine, puis le lait et remuer jusqu'à consistance épaisse. Assaisonner et placer le «flan» dans la préparation ci-dessus.

Soufflé au fromage et aux noix

1 tasse (250 ml) de cheddar doux

3/4 de tasse (190 ml) de noix de Grenoble

1 tasse (250 ml) de pâte de tomates

1/2 oignon

1 gousse d'ail

4 jaunes d'œufs

6 blancs d'œufs

1/2 tasse (125 ml) de crème légère

3 c. à table (45 ml) de farine

2 c. à table (30 ml) de beurre

moutarde en poudre

thym

crème de tartre

Faire sauter l'oignon haché et l'ail écrasé dans un peu de beurre avec le thym. Faire un roux avec la farine puis y mettre la crème et la pâte de tomates, un peu délayée si trop épaisse. Cuire en remuant pour obtenir une sauce lisse. Quand cette sauce est à consistance, mettre les noix et le fromage. Assaisonner au goût.

Retirer du feu et bien mélanger la moutarde et les jaunes d'œufs.

Battre les blancs d'œufs avec la crème de tartre pour obtenir une neige ferme. Mélanger délicatement avec la sauce.

Mettre le mélange dans un plat à soufflé graissé et placer dans un four à 400° F (205° C) durant quelques secondes. Ramener le four à 375° F (190° C) et cuire pendant 40 minutes.

Servir immédiatement.

Où il entre surtout des féculents

Le riz me fait pleurer;
je préfère encore
les nouilles.

Alphonse Allais

Riz au parmesan

2 tasses (500 ml) de riz blanc cuit

2 œufs

1 tasse (250 ml) de parmesan

1/2 tasse (125 ml) de lait

persil

4 échalotes

Mélanger ensemble le riz, le persil, les échalotes et le fromage. Battre les œufs avec le lait et assaisonner au goût. Verser le tout dans un plat allant au four. Faire cuire au bain-marie dans un four à 350° F (180° C) durant 35 minutes.

Riz à la milanaise

2 tasses (500 ml) de riz

6 tasses (1,5 l) de bouillon à l'ail (voir p.19)

1/2 tasse (125 ml) de Marsala

1 oignon

5 c. à table (75 ml) de beurre

safran

Faire fondre le beurre dans un poêlon et sauter légèrement les oignons. Ajouter le riz et bien le tourner afin que tous les grains soient recouverts de beurre. Verser le Marsala et le bouillon. Mettre le safran et assaisonner au goût. Couvrir et laisser le riz cuire.

Servir avec du beurre et du parmesan râpé selon le goût.

Riz au safran

3 tasses (750 ml) de riz blanc

3 c. à table (45 ml) de jus de citron

1 c. à table (15 ml) de beurre

safran

Faire cuire le riz de la façon ordinaire. Pendant que le riz cuit, dissoudre le safran dans le jus de citron. Mélanger au moment de servir.

Nouilles et champignons

650 g de fettucini

650 g de champignons frais

2 tasses (500 ml) de parmesan

4 c. à table (60 ml) de beurre

1 gousse d'ail

origan

romarin

thym

basilic

paprika

sauce tomate (voir p. 46)

Faire fondre le beurre dans un poêlon; y mettre les herbes et épices et jeter dedans les champignons coupés en tranches épaisses. Bien remuer afin qu'ils soient enrobés uniformément de beurre et d'herbes. Assaisonner au goût et cuire durant quelques minutes.

Mettre la sauce tomate à réchauffer.

Cuire les fettucini selon la recette habituelle.

Servir chaque portion de nouilles avec une louche de sauce tomate recouverte de parmesan râpé et de champignons.

Manicotti farcis

16 manicotti

3 tasses (750 ml) de ricotta

3 c. à table (45 ml) de parmesan

2 œufs

1 oignon

persil

graines de carvi

sauce aux tomates et au vin (voir p. 47)

Battre les œufs et y incorporer le persil finement haché. Les mélanger au ricotta en y ajoutant le parmesan râpé et l'oignon haché. Faire frire légèrement les graines de carvi et les jeter dans le mélange. Assaisonner au goût.

Farcir les manicotti non cuits avec cet appareil.

Verser la moitié de la sauce aux tomates et au vin dans un plat allant au four. Disposer les manicotti dessus et napper le restant de la sauce par-dessus. Cuire dans un four à 400° F (205° C) pendant 20 minutes.

Juste avant de servir, saupoudrer le plat d'un peu de parmesan, laisser au four quelques minutes et mettre immédiatement sur la table.

Lasagne

450 g de lasagne

750 g d'épinards frais

250 g de mozzarella

1 tasse (250 ml) de parmesan

1 kg de ricotta

3 œufs

1 oignon

2 gousses d'ail

2 c. à table (30 ml) d'huile d'olive

sauce aux tomates et au vin (voir p. 47)

Bien laver les épinards et les hacher grossièrement. Faire frire l'oignon haché et l'ail dans l'huile d'olive. Y jeter le ricotta, le parmesan râpé, les épinards et les œufs battus. Assaisonner en insistant sur le poivre. Ajouter le persil.

Cuire les nouilles selon la méthode habituelle mais les tenir fermes.

Beurrer un grand plat allant au four. Y mettre une couche de lasagne, une couche de l'appareil précédent, une mince couche de mozzarella émietté, une couche de sauce aux tomates et au vin. Répéter l'opération en finissant avec la sauce.

Recouvrir le dessus du plat avec un papier d'aluminium et cuire pendant 45 minutes dans un four à 350° F (180° C). Enlever le papier d'aluminium et continuer la cuisson durant 10 minutes.

Servir très chaud.

Pâtes au fromage

500 g de coquillettes

150 g de mozzarella

150 g de fontina

150 g de gruyère

1 1/3 tasse (330 ml) de parmesan

1 tasse (250 ml) de crème légère

1/2 tasse (125 ml) de beurre

1 1/2 c. à table (22,5 ml) de farine

Mélanger tous les fromages râpés, sauf le mozzarella que l'on réserve, avec la farine.

Faire chauffer dans une casserole épaisse le beurre et la crème. Ajouter les fromages préparés précédemment et faire cuire lentement en remuant jusqu'à obtention d'une sauce lisse. Garder au chaud.

Cuire les coquillettes de la façon habituelle. Bien égoutter et mettre sur un plat de service. Verser la sauce en mélangeant soigneusement. Rajouter le mozzarella coupé en dés juste au moment de servir.

Macaroni au fromage

500 g de macaroni

1/2 tasse (125 ml) de parmesan

3/4 de tasse (190 ml) de fontina

1 tasse (250 ml) de croûtons beurrés

3 tasses (750 ml) de sauce béchamel (voir p. 36)

Faire cuire les macaroni. Mélanger le parmesan et le fontina râpés et mettre de côté.

Égoutter les macaroni quand ils sont cuits, en dresser le tiers dans un plat beurré pouvant aller au four, napper avec le tiers des fromages et le tiers de la sauce. Répéter l'opération trois fois. Terminer avec la sauce sur laquelle on jette les croûtons beurrés.

Mettre au four de 350° F (180° C) pendant 20 minutes.

Pommes de terre au fromage au four

4 grosses pommes de terre
250 g de gruyère
250 g de fontina
4 œufs
2 tasses (500 ml) de lait
4 c. à table (60 ml) de farine
1 oignon
thym
muscade
croûtons
beurre

Mettre en tranches épaisses les pommes de terre pelées. Bouillir 10 minutes.

Beurrer un grand plat allant au four. Y disposer une couche de pommes de terre que l'on poivre et sale légèrement, une fine couche d'oignons hachés et une couche des deux fromages râpés. Répéter l'opération jusqu'à épuisement.

Battre les œufs avec le lait et la farine. Mettre le thym et la muscade. Assaisonner au goût. Verser dans le plat et placer les croûtons par-dessus. On peut aussi saupoudrer d'un peu de parmesan râpé.

Cuire à four de 350° F (180° C) durant 50 minutes.

Servir très chaud.

Pommes de terre au vin

4 grosses pommes de terre

8 petits oignons blancs

1 bouteille de vin blanc sec

3 c. à table (45 ml) de beurre

1 feuille de laurier

Faire fondre le beurre dans un grand poêlon et y sauter l'oignon émincé. Y mettre les pommes de terre pelées et tranchées. Verser assez de vin pour couvrir le tout. Assaisonner au goût et ajouter la feuille de laurier.

Bien couvrir et faire cuire lentement durant une heure. Rajouter du vin si nécessaire afin que les pommes de terre soient toujours recouvertes de liquide.

Quand elles sont cuites, retirer les pommes de terre et les tenir au chaud dans un plat de service. Réduire le jus de cuisson quelque peu. Le verser sur les pommes de terre.

Servir très chaud.

Galettes de pommes de terre

4 grosses pommes de terre

2 oignons

2 œufs

3 c. à table (45 ml) de chapelure

huile et beurre

Peler et râper les pommes de terre afin d'obtenir 2 1/2 tasses (625 ml). Y mélanger l'oignon haché, la chapelure, et les œufs battus légèrement. Assaisonner au goût. Si le mélange est un peu trop liquide, augmenter la chapelure.

Faire fondre dans un gros poêlon du beurre et de l'huile. Y laisser tomber l'appareil par grosses cuillerées que l'on aplatit avec le dos d'une cuillère. Frire les galettes des deux côtés jusqu'à ce qu'elles soient bien croustillantes.

On peut servir avec de la crème sure.

Pommes de terre au gruyère

5 grosses pommes de terre

175 g de gruyère

1 petit oignon

1 tasse (250 ml) de crème sure

ciboulette

croûtons

Peler les pommes de terre et les mettre en tranches fines. Mélanger ensemble la crème sure, le gruyère râpé et la ciboulette hachée.

Beurrer un plat allant au four. Y déposer la moitié de pommes de terre et la moitié du mélange à la crème sure. Assaisonner au goût. Répéter l'opération. Mettre les croûtons et parsemer de noisettes de beurre.

Couvrir le plat et faire cuire au four à 350° F (180° C) pendant 2 heures.

Servir très chaud.

Pommes de terre romanov

6 grosses pommes de terre

2 tasses (500 ml) de fromage cottage en grains

1 tasse (250 ml) de crème sure

1 tasse (250 ml) de cheddar

2 gousses d'ail

échalotes vertes

paprika

Peler et faire cuire les pommes de terre. Les couper en cubes et les mélanger soigneusement avec le fromage cottage, la crème sure, l'ail pilé, et les échalotes. Assaisonner.

Verser le mélange dans un plat allant au four. Saupoudrer de cheddar râpé et d'un peu de paprika. Faire cuire au four à 350° F (180° C) pendant 30 minutes.

Servir très chaud.

8 portions.

Soufflé aux pommes de terre

2 tasses (500 ml) de pommes de terre en purée
4 œufs
100 g de cheddar fort
3 c. à table (45 ml) de ciboulette
1/2 tasse (125 ml) de crème sure
crème de tartre

Battre la purée de pommes de terre chaude avec la crème sure, le fromage râpé, les jaunes d'œufs et la ciboulette. Assaisonner au goût.

Battre les blancs d'œufs avec la crème de tartre pour obtenir une neige très ferme. Incorporer délicatement aux pommes de terre.

Disposer dans un plat à soufflé beurré et cuire pendant 45 minutes dans un four à 350° F (180° C).

Servir immédiatement.

Fèves soya aux herbes

1 tasse (250 ml) de fèves soya sèches

3 tomates moyennes

2 grosses courges

1/2 tasse (125 ml) de parmesan

3 c. à table (45 ml) de beurre

1 petit oignon

2 gousses d'ail

persil sec

thym

aneth

Laver les fèves et les faire tremper toute une nuit dans de l'eau salée. Ajouter de l'eau si nécessaire. Faire cuire lentement durant 3 ou 4 heures. Égoutter. Réserver une tasse (250 ml) du liquide de cuisson.

Faire fondre le beurre dans un gros poêlon et y faire frire l'oignon et l'ail écrasé. Mettre les herbes et rajouter les fèves et la tasse (250 ml) de liquide. Laisser mijoter une quinzaine de minutes.

Beurrer un grand plat allant au four. Mettre les tomates et les courges en tranches.

Verser le parmesan râpé dans les fèves et remuer.

Placer une couche de fèves dans le plat, puis une couche de tomates et de courgettes. Répéter l'opération.

Agrémenter de quelques noisettes de beurre. Bien poivrer. Couvrir le plat et le mettre au four durant 2 heures à 300° F (150° C).

Servir immédiatement.

Soufflé aux châtaignes

1 tasse (250 ml) de châtaignes en purée
7 œufs
1 tasse (250 ml) de lait
4 c. à table (60 ml) de farine
3 c. à table (45 ml) de parmesan
3 c. à table (45 ml) de beurre
muscade
crème de tartre

Faire un roux avec le beurre et la farine. Ajouter le lait et cuire en remuant jusqu'à bonne consistance. Retirer du feu, laisser tiédir et ajouter 6 jaunes d'œufs. Mettre le fromage, la purée de châtaignes et assaisonnement au goût.

Battre en neige 7 blancs d'œufs avec la crème de tartre. Incorporer à l'appareil.

Beurrer un plat à soufflé, y mettre les ingrédients et cuire au four à 350° F (180° C) durant 40 minutes.

Servir immédiatement.

Crêpes à la russe

2 1/2 tasses (625 ml) de farine blanche

4 œufs

4 tasses (1 l) de lait

2 c. à thé (10 ml) de sucre

2 c. à thé (10 ml) de beurre

1/2 tasse (125 ml) de crème légère

2 paquets de levure sèche

Dissoudre la levure dans un peu de lait tiède. Ajouter le reste du lait, le beurre fondu, le sucre, la farine et les jaunes d'œufs. Bien mélanger et saler légèrement. Mettre de côté.

Battre les blancs d'œufs en neige ferme avec la crème de tartre. Incorporer au mélange précédent avec la crème. Placer le bol dans un endroit chaud et ne pas déranger durant 20 minutes.

Cuire à la poêle des deux côtés.

Servir chaud avec de la crème sure.

Les vinaigrettes

Le vinaigre des Philosophes est l'Eau mercurielle des Sages ou leur dissolvant universel, leur lait de vierge, leur eau pontique; c'est le vinaigre de la nature, mais composé de différentes choses sorties de la même racine.

Dictionnaire philosophique

Dom Pernetti

Sauce vinaigrette simple

1/2 tasse (125 ml) d'huile d'olive

1/2 tasse (125 ml) de vinaigre blanc

1 c. à table (15 ml) de jus de citron

moutarde de Dijon

Mélanger ensemble le vinaigre, le jus de citron, la moutarde et l'assaisonnement au goût. Ajouter lentement l'huile d'olive en battant jusqu'à émulsion.

Vinaigre aux herbes

2 tasses (500 ml) de vin rouge

2 tasses (500 ml) de vinaigre de cidre

poivre en grains non moulu

3 gousses d'ail

estragon

thym

origan

Mélanger le vin et le vinaigre de cidre. Ajouter l'ail et les herbes. Verser le tout dans une bouteille que l'on ferme avec un bouchon de liège. Laisser reposer quelques semaines.

On peut naturellement varier le goût de ce vinaigre en changeant les herbes.

À utiliser comme le vinaigre ordinaire pour toutes sortes de salades.

Vinaigrette aigrelette

1/2 tasse (125 ml) d'huile d'olive

1/2 tasse (125 ml) de vinaigre de vin

moutarde de Dijon

2 gousses d'ail

Hacher l'ail très fin et le mélanger au vinaigre et à la moutarde. Assaisonner en insistant sur le poivre. Ajouter lentement l'huile en battant jusqu'à émulsion.

Vinaigrette pour salades de fruits

1/2 tasse (125 ml) d'huile d'olive

1/4 de tasse (60 ml) de vinaigre de cidre

1/4 de tasse (60 ml) d'eau

4 c. à table (60 ml) de jus de citron

1/2 c. à thé (2,5 ml) de câpres

1 gousse d'ail

marjolaine

basilic

estragon

paprika

Mettre tous les ingrédients dans un malaxeur et broyer durant quelques minutes.

Se sert sur les salades de fruits frais.

Herbes à la saumure

Il arrive qu'à la fin de l'été, l'on ait dans son jardin un excès de fines herbes de toutes sortes. On peut les faire sécher. On peut également les conserver dans une saumure.

La méthode générale est de les hacher finement les unes avec les autres selon le goût, de leur rajouter du poivre en grains, de la moutarde en grains, de l'oignon haché, du raifort, etc. Puis on les met dans un petit bocal en les tassant bien et on recouvre de saumure.

On peut varier le mélange des herbes et des condiments.

S'utilise dans les plats et salades ou comme la moutarde.

Des légumes crus

L'homme réduit au pain
et aux légumes traînerait
à peine une vie faible et
languissante.

Buffon

Cœurs de laitue nature

4 laitues de Boston
1 jus de citron
1 jus de limette
persil

Bien laver les cœurs de laitues et les secouer énergiquement. Il est important qu'elles soient libres de toute eau.

Mélanger le jus de limette et le jus de citron, ajouter du persil haché très fin. Assaisonner. Verser sur les feuilles de salade et servir.

Note: les salades en feuilles doivent être bien lavées et, plus encore, parfaitement essorées. Faute de quoi la vinaigrette ne pourrait pas se répartir uniformément sur les feuilles.

On ne doit remuer la salade qu'au moment de servir de telle sorte qu'elle reste bien croustillante.

Salade aux lentilles
et à l'ananas

2 1/2 tasses (625 ml) de lentilles cuites à l'eau

1 ananas

6 c. à table (90 ml) d'huile d'olive

1/2 tasse (125 ml) de vin blanc sec

2 c. à table (30 ml) de vinaigre de vin blanc

1 c. à thé (5 ml) de moutarde de Dijon

1/2 c. à thé (2,5 ml) de graines de moutarde

1 cuil. a thé (5 ml) de sauce Worcestershire

1 gousse d'ail

cumin

curcuma

coriandre moulue

2 grosses tomates

Couper le dessus d'un ananas bien mûr et mettre de côté. Extraire la pulpe du fruit avec précaution et couper en dés en enlevant la partie centrale dure. Égoutter.

Faire chauffer un peu de beurre dans un poêlon et y jeter les herbes et épices. Ajouter les lentilles. Bien mélanger et laisser refroidir.

Couper les tomates en morceaux et les mélanger avec l'ananas et les lentilles.

Préparer une vinaigrette avec l'huile d'olive, le vinaigre de vin, l'ail haché, la moutarde et la sauce Worcestershire. Mettre le vin blanc en dernier et assaisonner au goût.

Verser la vinaigrette sur la salade et bien mélanger. En farcir l'ananas que l'on ferme avec son chapeau à feuilles. Servir très frais.

Haricots verts vinaigrette

500 g de haricots verts frais
1/2 oignon
1/3 de tasse (80 ml) de parmesan
6 c. à table (90 ml) d'huile d'olive
2 c. à table (30 ml) de vinaigre de vin blanc à l'estragon
1 gousse d'ail

Laver et équeuter les haricots. Les faire cuire à la vapeur ou dans l'eau bouillante salée. Les tenir fermes. Bien égoutter et laisser refroidir.

Hacher finement l'oignon et l'ail et les mettre avec le parmesan, l'huile et le vinaigre. Bien battre et jeter sur les haricots.

Réfrigérer et servir avec un accompagnement de tranches de tomates et d'olives noires et vertes.

Tomates polonaises

6 tomates bien mûres mais fermes

1 petit oignon

4 c. à table (60 ml) d'huile d'olive

3 c. à table (45 ml) de vinaigre de vin

persil

basilic

aneth

Laver et couper les tomates en tranches. Mettre dans un bol à salade et bien mélanger avec les herbes, l'oignon et l'ail hachés très fin. Ajouter l'huile et le vinaigre. Assaisonner. Bien mélanger et servir frais.

Poireaux à la vinaigrette

8 poireaux moyens

1/2 tasse (125 ml) d'huile d'olive

1/4 de tasse (60 ml) de vinaigre de vin blanc à l'estragon

1 gousse d'ail

1/2 c. à thé (2,5 ml) de moutarde de Dijon

Bien nettoyer les poireaux. Couper et cuire dans de l'eau salée. Égoutter et passer immédiatement sous l'eau froide.

Faire la vinaigrette avec les ingrédients listés. En arroser les poireaux sur un plat de service.

Servir très frais.

Pommes de terre vinaigrette

6 grosses pommes de terre

1 1/2 tasse (375 ml) de lait

3 oignons verts

1 gousse d'ail

7 c. à table (105 ml) d'huile d'olive

4 c. à table (60 ml) de vinaigre de vin

Cuire les pommes de terre en robe des champs. Les éplucher et les couper en cubes. Placer dans un bol et recouvrir de lait. Laisser tremper 20 minutes, égoutter, rincer à l'eau froide, égoutter encore.

Préparer la vinaigrette et en arroser les pommes de terre sur un plat de service.

Servir frais.

Salade d'oignons et de fromage

2 gros cœurs de laitue de Boston

15 petits oignons marinés

250 g de champignons frais

100 g de gruyère

3 c. à table (45 ml) de beurre

sauce vinaigrette simple (voir p.128)

Laver et bien essorer les feuilles de laitue. Mettre dans un bol avec le gruyère coupé en dés.

Laver et émincer les champignons et les faire sauter dans le beurre. Assaisonner en insistant sur le poivre.

Verser la vinaigrette sur la laitue et bien remuer.

On sert les champignons cuits sur les feuilles de laitue et l'on place quelques oignons marinés sur le bord de l'assiette.

Salade de légumes à la française

3 grosses pommes de terre nouvelles
2 grosses carottes
1 gros concombre
1 chou-fleur
250 g de haricots verts
1 tasse (250 ml) de petits pois frais écossés
persil
1 tasse (250 ml) de vinaigrette simple (voir p.128)

Couper les pommes de terre et les carottes en petits cubes et cuire avec les haricots et les pois dans de l'eau salée. Les tenir fermes.

Mettre le chou-fleur en petites têtes et cuire à part.

Peler le concombre, l'égrener et le couper en dés.

Quand les légumes sont tièdes, verser dessus la vinaigrette à laquelle on a rajouté le persil. Mettre au frais.

Bien remuer avant de servir.

Concombres en crème

5 concombres moyens

1 gousse d'ail

1 c. à table (15 ml) de crème sure

ciboulette

aneth

Peler les concombres, les égrener et couper en tranches très fines. Les faire dégorger dans du sel pendant une heure. Bien les rincer à l'eau courante et essorer.

Mélanger la crème sure, la ciboulette et l'aneth. Assaisonner en insistant sur le poivre.

Réfrigérer et servir.

Salade marocaine

2 gros poivrons verts doux

4 grosses tomates

3 c. à table (45 ml) d'huile d'olive

1 c. à table (15 ml) de vinaigre de vin blanc

persil

cumin

Couper les poivrons en cubes après en avoir enlevé les graines. Couper les tomates en dés.

Faire chauffer l'huile dans une poêle et faire chauffer les graines de cumin durant 3 minutes. Retirer du feu. Quand l'huile a tiédi mettre dedans le vinaigre. Assaisonner au goût en insistant sur le poivre frais moulu.

Bien mélanger cette vinaigrette et la verser sur les légumes.

Servir frais.

Salade verte et courgettes

4 courgettes moyennes

1 laitue de Boston

1 laitue romaine

1 gousse d'ail

3/4 de tasse (190 ml) de sauce vinaigrette

Couper la courgette en tranches et la faire cuire durant 4 minutes dans de l'eau salée. Rincer immédiatement après la cuisson dans de l'eau froide. Bien égoutter.

Frotter un bol de salade avec la gousse d'ail. Y mettre les feuilles de laitue bien lavées et bien essorées avec les courgettes. Verser la vinaigrette sur les légumes et bien mélanger.

Salade de champignons

500 g de champignons frais

1 grosse laitue de Boston

1 œuf dur

1/2 tasse (125 ml) d'huile d'olive

1/2 tasse (125 ml) de vinaigre de vin

câpres

poivre de Cayenne

Laver et émincer les champignons. Faire une marinade avec l'huile, le vinaigre, les câpres et le poivre de Cayenne. Assaisonner. Verser la marinade sur les champignons et réfrigérer pour quelques heures.

Présenter sur les feuilles de laitue avec une décoration de tranches d'œufs durs.

Haricots blancs marinés

1 tasse (250 ml) de petits haricots blancs secs

1 tasse (250 ml) d'huile d'olive

4 tasses (1 l) d'eau

1 feuille de laurier

1 gousse d'ail

Marinade:

1/2 tasse (125 ml) d'huile d'olive

1/2 tasse (125 ml) de vinaigre de vin

persil

origan

basilic

estragon

Laver les haricots et les faire tremper toute la nuit. Les mettre dans une casserole avec l'huile, la feuille de laurier et l'ail. Assaisonner et faire cuire le temps qu'ils soient tendres à feu très doux.

Mélanger ensemble tous les ingrédients de la marinade et la verser sur les haricots quand ils sont cuits.

Couvrir le récipient, mettre au réfrigérateur toute la nuit.

Des légumes crus

Des desserts

Tout le sert et le dessert feut pourté par des filles pucelles mariables du lieu.

Pantagruel

Rabelais

Pommes et noix

4 grosses pommes

2 oranges

12 noix de Grenoble

miel au goût

crème fouettée

Laver les pommes mais ne pas les peler. Les râper dans un bol et les couvrir avec le jus des oranges. Hacher les noix. Les mélanger aux pommes. Ajouter du miel au goût.

Servir avec la crème fouettée.

Mousse aux pommes

1 kg de pommes à cuire

1 tasse (250 ml) d'eau

1 petite boîte de lait évaporé

2 c. à table (30 ml) de miel

1 c. à table (15 ml) de jus de citron

clous de girofle

coriandre

angélique

zeste de citron

Peler et mettre en cubes les pommes. Les faire cuire dans de l'eau avec la coriandre et les clous de girofle. Mettre en purée. Battre le lait évaporé jusqu'à l'obtention d'une mousse épaisse. Y mélanger la compote de pommes, le miel et le jus de citron.

Placer dans des verres et décorer le dessus avec l'angélique et le zeste de citron. Réfrigérer et servir très frais.

Betteraves
sauce aux fruits

1 kg de betteraves
1 citron
2 1/2 c. à table (37,5 ml) de sucre
1 1/2 c. à table (22,5 ml) de fécule de maïs
1 c. à table (15 ml) de beurre
2 c. à table (30 ml) de jus d'orange concentré
1 c. à table (15 ml) de zeste d'une orange fraîche
girofle

Cuire les betteraves à l'eau et réserver le jus de cuisson. Peler les betteraves et les mettre en tranches fines. Mettre le jus des betteraves dans une casserole en compagnie de tous les autres ingrédients à l'exception de la fécule de maïs. Saler légèrement et chauffer. Rajouter la fécule de maïs et laisser cuire en remuant au fouet jusqu'à ce que le mélange soit clair.

Ajouter les betteraves et réchauffer.

Rectifier l'assaisonnement et servir immédiatement.

8 portions.

Bananes à l'indienne

2 tasses (500 ml) de bananes mûres écrasées

2 tasses (500 ml) de yogourt

1 c. à thé (5 ml) de beurre

cumin

coriandre

cardamome

poivre de Cayenne

Faire fondre le beurre dans un poêlon. Y mélanger les épices préalablement broyées dans un mortier. Faire revenir rapidement les bananes. Retirer du feu pour y incorporer le yogourt.

Verser dans un plat de service et réfrigérer avant de servir.

Salade de pêches

4 grosses pêches

2 tasses (500 ml) de fromage à la crème

1/3 de tasse (80 ml) de crème fouettée

4 c. à table (60 ml) de sucre

2 c. à table (30 ml) de jus de citron

gingembre

feuilles de laitue

Peler et couper les pêches en cubes et les mettre dans le congélateur.

Mélanger ensemble le fromage, le jus de citron et le gingembre. Saler légèrement. Incorporer les fruits frais et la crème fouettée. Mettre le tout dans un plat beurré et replacer au congélateur pendant 3 heures, jusqu'à consistance ferme.

Démouler et servir sur des feuilles de laitue.

8 portions.

Nectarines épicées

10 nectarines

2 1/2 tasses (625 ml) de sucre brun

1 tasse (250 ml) de vinaigre de cidre

clou de girofle

cannelle en bâton

Laver les fruits, les ébouillanter et les peler. Mettre un clou de girofle sur chaque quartier de fruit. Chauffer le sucre, le vinaigre, la cannelle et une c. à thé (5 ml) de clous de girofle dans une casserole émaillée. Amener au point d'ébullition et cuire une dizaine de minutes.

Placer les fruits dans un pot de verre stérilisé et couvrir de sirop.

Laisser reposer quelques semaines avant de servir avec des plats riches, comme garniture.

Compote aux fruits frais

1 grosse grappe de raisins verts

1 ananas moyen

2 pommes

cerises

brandy

kirsch

sucre

Préparer les fruits et les couper en cubes. Mettre dans un grand bol et mouiller avec les alcool selon le goût. Sucrer et laisser mariner au réfrigérateur avant de servir.

Gâteau aux graines de pavot

1 1/2 tasse (375 ml) de graines de pavot

1 1/2 tasse (375 ml) de miettes de pain sec

6 œufs

3/4 de tasse (190 ml) de miel

2/3 de tasse (160 ml) d'huile végétale

2 c. à thé (10 ml) de poudre à pâte

vanille

Faire mijoter les graines de pavot dans une casserole avec juste assez d'eau pour les recouvrir. Après une quinzaine de minutes de cuisson, faire égoutter et laisser refroidir. Battre les blancs d'œufs en neige ferme et y ajouter avec précaution 3 c. à table (45 ml) de miel liquide. Battre les jaunes d'œufs pour qu'ils deviennent jaune clair et y mettre le reste du miel et l'huile. Y jeter les graines de pavot, puis les miettes de pains, et la poudre à pâte. Saler légèrement. Incorporer les œufs en neige et la vanille.

Mettre dans un moule à gâteau et cuire une heure au four à 325° F (160° C).

Laisser refroidir avant de servir.

Tarte au yogourt

1 fond de tarte cuit

1 tasse (250 ml) de yogourt

pêches

fraises

framboises

bananes

3 c. à table (45 ml) de miel

1 tasse (250 ml) de fromage cottage

sucre

vanille

Couvrir le fond de tarte avec les fruits en cubes et saupoudrer de sucre au goût. Mélanger ensemble le yogourt, le fromage, le miel et la vanille. Passer ce mélange au chinois. Verser sur les fruits. Décorer.

Réfrigérer au congélateur avant de servir.

Galettes au blé
et à l'orange

2 tasses (500 ml) de jus d'orange

2 tasses (500 ml) de farine de blé entier

2 œufs

1/2 c. à thé (2,5 ml) de bicarbonate de soude

1/4 de tasse (60 ml) d'huile

Battre ensemble les œufs et l'huile. Tamiser les ingrédients secs en salant très légèrement et mélanger le tout. Ajouter graduellement le jus d'orange jusqu'à consistance ferme.

Frire à la poêle les galettes et servir chaud.

Gâteau aux noix

7 tasses (1,75 l) de pacanes et de noix de Grenoble

3 1/2 tasses (875 ml) de farine

2 tasses (500 ml) de sucre

1 tasse (250 ml) de lait

1 tasse (250 ml) de beurre

1/2 tasse (125 ml) de Marsala

6 œufs

2 c. à thé (10 ml) de poudre à pâte

Tamiser la farine avec la poudre à pâte et une pincée de sel. Battre le beurre et le sucre pour obtenir un mélange léger. Y incorporer les œufs en remuant avec précaution. Mélanger le lait avec le Marsala.

Battre le tout ensemble, puis y verser les noix hachées grossièrement.

Beurrer et chemiser deux moules avec du papier brun. Y verser le mélange et faire cuire pendant 2 1/2 heures dans un four à 275° F (135° C).

Refroidir et envelopper chaque gâteau dans un linge imbibé de Marsala. Laisser reposer ainsi durant quelques jours.

Gâteau au sherry

1 1/2 tasse (375 ml) de farine non blanchie

1 1/2 tasse (375 ml) de farine de blé entier

1 1/2 tasse (375 ml) de miel

1 tasse (250 ml) de beurre

1 tasse (250 ml) d'amandes

6 œufs

3/4 de tasse (190 ml) d'huile végétale

1/2 tasse (125 ml) de sherry

1 c. à table (15 ml) de poudre à pâte

noix de muscade

Mettre le beurre en crème et y rajouter le miel. Tamiser trois fois les ingrédients secs; une pincée de sel est facultative. Mélanger les ingrédients secs avec les jaunes d'œufs, l'huile et le sherry. Ajouter les amandes et mettre en dernier les blancs d'œufs battus en neige très ferme.

Mettre dans un moule et cuire durant une heure dans un four à 350° F (180° C).

Laisser refroidir et servir.

Note: On peut omettre les amandes.

Crêpes simples

2/3 de tasse (160 ml) de farine blanche

2 tasses (500 ml) de lait

3 œufs

2 c. à table (30 ml) d'huile végétale

Tamiser la farine avec un peu de sel et la mélanger avec les œufs battus. Ajouter graduellement le lait que l'on aura fait bouillir et refroidir auparavant. Finir en incorporant l'huile. Laisser reposer une heure avant de faire les crêpes.

Si l'on désire des crêpes plus fines, remplacer 1/2 tasse (125 ml) de lait par autant d'eau.

Servir au choix avec confiture, sirop d'érable, beurre fondu, sucre en poudre, etc.

Crêpes allemandes

3/4 de tasse (190 ml) de farine blanche

3 œufs

3/4 de tasse (190 ml) de lait

600 g de pommes

1/4 de tasse (60 ml) de sucre

1/2 tasse (125 ml) de beurre doux

cannelle

muscade

Battre ensemble les œufs, le lait, la farine jusqu'à consistance lisse. Saler un peu. Couper une pomme en tranches très fines et incorporer au mélange.

Faire fondre 1 1/2 c. à table (22,5 ml) de beurre dans un grand poêlon épais. Lorsqu'il est très chaud, y verser l'appareil précédent et mettre au four à 450° F (235° C) pour 15 minutes; puis baisser la température à 350° F (180° C) et faire cuire encore durant 15 minutes. Si la grosse crêpe fait des bulles, les percer avec une fourchette.

Préparer la garniture suivante pendant la cuisson de la crêpe.

Peler les pommes et les mettre en fines tranches avant de les sauter durant 10 minutes dans 1/4 de tasse (60 ml) de beurre et 1/2 tasse (125 ml) de sucre. Assaisonner avec la cannelle et la muscade.

Lorsque la crêpe est cuite la glisser sur un plat de service. La fourrer avec la garniture avant de la replier en deux.

Saupoudrer de sucre en poudre et servir brûlant.

Une boisson

Si la bière est la boisson des guerriers, l'hydromel est le breuvage des dieux.

Chevalier et Gheerbrant

L'hydromel de la famille Aubergine

5 litres d'eau

1 kg de miel transparent

1/2 kg de sucre blanc

2 citrons

4 clous de girofle

brins de romarin

10 cm de gingembre en bâtons

40 g de levure de bière étalée en minces couches sur une rôtie

Faire bouillir le sucre, l'eau, le miel et écumer. Laisser reposer dans une jatte en terre cuite. Ajouter les jus et les zestes des citrons, les clous, le romarin, le gingembre que l'on aura ramolli préalablement en tapant dessus. Quand le mélange est tiède, rajouter la levure sur la rôtie; attention, si le mélange est trop chaud, la levure «meurt». Au bout de trois jours, retirer les zestes de citron, puis laisser le tout fermenter jusqu'à ce qu'il ne «siffle» plus. Laisser reposer huit jours encore. Tamiser et mettre en bouteille. Ne pas enfoncer complètement les bouchons afin de s'assurer que le liquide ne forme plus de bulles. Ensuite, enfoncer le bouchon complètement. Attendre de 3 à 6 mois avant de boire.

Le bon pain

Bienheureux ceux qui nourrissent les affamés de justice par la distribution du Pain.

Saint Clément d'Alexandrie

Ce chapitre sur le pain a été aimablement fourni par
Christian Allègre.

Pains à la levure

(recette de base pour 2 gros pains)

Il faut prendre cette recette comme un thème à partir duquel on peut composer une infinité de variations. Elle est une adaptation de la célèbre «Tassajara Basic Yeasted Bread Recipe», travaillée et retravaillée par des mains habiles. Le trait de génie, c'est d'avoir remarqué que le sel inhibe le fonctionnement de la levure si on l'incorpore dès le début et qu'il retarde la formation du gluten lors de la première levée. D'où la technique suivante[1].

INGRÉDIENTS DE BASE:

Farine(s): environ une dizaine de tasses (2,5 l). N'importe quelle sorte, plusieurs sortes, peu importe, mais toujours au moins un peu de farine de blé entier. La présence de farine de blé est nécessaire, parce que c'est la farine la plus riche en gliadine et en gluteline, deux protéines qui assurent l'élasticité de la pâte. Il faut savoir aussi que si on utilise des farines dont on a éliminé les parties externes (blutage), on appauvrit la céréale en vitamines du groupe B et en sels minéraux. Les végétariens, pour leur équilibre alimentaire, ont intérêt à consommer des farines entières.

Huile: une tasse (250 ml). La choisir de préférence légère: arachide, tournesol, sésame.

Eau: de source, si possible. Trois tasses (750 ml).

Sel de mer: 1 cuillerée à table (15 ml).

Levure: deux possibilités: fraîche, on peut l'acheter chez un boulanger. Sèche, en granules, on la trouvera dans un magasin d'aliments naturels. Cette recette nécessite 1 1/2 c. à table (22,5 ml) de levure sèche

---

(1) D'après *The Tassajara Bread Book*, by Edward Espe Brown, Berkeley, Shambala Publications, 1970. Une version un peu différente de cette recette a déjà été publiée en français dans *Le Répertoire Québécois des Outils Planétaires*, ouvrage collectif, Montréal, Éditions alternatives, 1977.

ou 30 grammes de levure fraîche.

Sucre: (1/4 de tasse ou 60 ml) la levure a besoin de l'agent sucrant (miel, sirop d'érable, sucre brun, mélasse) pour «lever». Le sucre et la levure produisent du gaz carbonique et un alcool; c'est ce gaz carbonique qui fait lever la pâte.

Ingrédients spéciaux: raisins secs, noix, graines, lait en poudre... c'est là que l'on peut utiliser son imagination. Dans la pâte à pain, on peut même inclure des restes: par exemple, un reste de gruau d'avoine et l'on aura un pain de gruau, avec son extraordinaire goût de noisette. Il est ainsi possible de «parfumer» ses pains et rechercher des nouvelles «textures» en variant le type de céréale employé...

ÉTAPE 1: mettre les trois tasses (750 ml) d'eau de source tiède (85° à 105° F ou 30° à 40° C) dans un grand bol rond, facile à travailler en cercles, assez évasé, pas trop profond. Ajouter un quart de tasse (60 ml) de l'agent sucrant choisi et bien mélanger. Ajouter la levure et mélanger juste un peu. Ajouter alors 3 1/2 tasses (875 ml) de farine, une tasse à la fois et toute entière d'un seul coup, et plier la farine dans le liquide, en passant une spatule le long des bords du bol et en ramenant le mélange doucement vers le centre.

Lorsque les trois tasses sont incorporées, battre le mélange cent fois, c'est-à-dire continuer le même mouvement en tournant le bol dans le sens inverse des aiguilles d'une montre, mais plus rapidement et en pliant le mélange plus sèchement. Cette opération a pour but d'ajouter de l'air dans le mélange, essentiel au processus.

Ensuite, placer le bol dans un autre plus grand contenant de l'eau à environ 100° F (38° C) (bain-marie) et recouvrir le tout d'un torchon légèrement humide. Mettre alors dans un endroit absolument à l'abri de tout courant d'air ou de toute variation de température. L'idéal est en fait un endroit fermé disposant de suffisamment d'air et où on ferait brûler une bougie. Une autre solution consiste à mettre le bol sur le poêle au-dessus de la flamme-pilote, à condition que le poêle ne soit pas en courant d'air. Mettre le bol dans le four légèrement préchauffé n'est pas une bonne solution, car dans ce cas, c'est au contraire le manque d'air qui nuit au processus. La température idéale pour cette première levée est entre 85° et 100° F (30-38° C): au-dessous la levure n'agit pas assez vite, au-dessus elle agit trop vite. Si la chaleur dépasse 125-130° F (52-54° C), la levure est détruite.

Laisser ainsi lever environ une heure.

2e ÉTAPE: Une heure plus tard, sortir le bol. La pâte a dû lever au point de soulever le torchon. Abaisser la pâte en passant la spatule sur les bords tout autour et en tournant le bol de l'autre main; la pâte se dégonfle littéralement.

Verser sur les bords de la pâte (en décrivant un cercle) 1/4 de tasse (60 ml) d'huile et immédiatement après, verser une c. à table (15 ml) de sel de mer sur toute la surface de la pâte. Il est très important de ne mettre le sel qu'à ce moment. Ne pas brasser, simplement plier la pâte comme dans l'étape 1. Puis ajouter une par une, et chacune entièrement, 3 tasses de farine. C'est le moment d'incorporer les farines spéciales (riz, soya, racine de bambou, seigle, orge, avoine, avoine trempée, blé trempé ou blé germé, cru ou cuit, etc.) et tous les produits complémentaires à la recette.

Lorsque les trois tasses sont incorporées, poser la pâte sur une planche enfarinée pour la pétrir un peu. Pour un maximum de confort, la planche devrait reposer sur une surface à la hauteur des mains, les bras le long du corps.

S'enfariner les mains avec de la farine de blé et pétrir doucement mais fermement la pâte en y incorporant un peu de farine mais pas trop, car sinon le pain serait une vraie brique à la fin. Plier et replier la pâte sur elle-même. La pâte doit rester très souple, presque molle, et donner l'impression qu'on pourrait incorporer encore beaucoup de farine, mais cependant elle reste sèche à l'extérieur. Ne pas mettre plus de 5 à 10 minutes pour ce processus.

Laisser reposer. Pendant ce temps nettoyer le bol, le sécher et le huiler. Reprendre alors la pâte et lui donner la forme du bol avec les «coutures» ou plis tous du même côté. Déposer alors la pâte dans le bol, coutures vers le haut. Bien huiler et renverser la pâte, coutures vers le fond du bol.

La surface de la pâte est alors entièrement huilée. Recouvrir avec un linge et laisser lever, comme dans l'étape 1, jusqu'à ce que la pâte double de volume; environ une heure.

3e ÉTAPE: facultative. Elle consiste à enfoncer le poing environ 25 fois dans la pâte aussi profondément que possible, puis à remettre la pâte en forme et de nouveau à lever pour une heure. Si l'on est pressé on peut omettre cette 3e étape, c'est-à-dire la deuxième levée. Le pain sera peut-être un peu plus dense, c'est tout.

4e ÉTAPE: Remettre la pâte sur la planche à pétrir... et pétrir... Ne pas incorporer trop de farine. On peut ensuite séparer la pâte en deux portions égales, puisqu'il s'agit d'une recette pour deux pains.

Maintenant il s'agit de mettre les pains en forme. À ce stade, on peut faire preuve de l'inventivité la plus échevelée. On peut tresser ses pains à l'italienne en divisant la pâte en trois portions que vous roulez de manière à obtenir trois longs cylindres. On peut encore modeler des objets et des animaux. On peut aussi les modeler allongés comme les baguettes françaises. On peut, bien sûr, leur donner les formes les plus simples: la belle miche ronde ou ovale, et alors, plus besoin de moules!

On peut enfin suivre la tradition, et les cuire dans des moules rectangulaires. Voici comment:

Avec le rouleau, aplatir la pâte de manière à former un trapèze (un carré dont on étirerait l'un des côtés en largeur) et s'arranger pour que le plus petit côté soit plus épais en pâte et que le côté le plus large soit très mince.

Ceci est destiné à assurer des coutures sur les pains

une fois mis en forme aussi plates et invisibles que possible.

Rouler les trapèzes en commençant par le petit côté (épais) et en allant vers le grand côté (mince). Les bouts qui dépassent maintenant de chaque côté du rouleau peuvent être rentrés de manière à ne former qu'une suture.

Prendre alors l'un des deux moules et mettre le pain dedans, couture (suture) au-dessus, de manière à lui faire prendre la forme du moule. Attention, ne pas presser trop fort, ne pas écraser la pâte. Démouler et mettre dans le deuxième moule, préalablement huilé, couture en dessous. Ensuite mouler le second pain, huiler son moule et le remettre dedans couture en bas.

Mettre les deux pains dans leurs moules à lever pendant environ 25 minutes. Recouvrir d'un linge. Les pains vont lever à peu près du double, de manière à dépasser le rebord du moule légèrement.

5e ET DERNIÈRE ÉTAPE: La cuisson. Si l'on est pressé, on peut allumer le four et le préchauffer dès que l'on a mis les pains à lever. Enfourner à 350° F (180° C) et selon la grosseur des pains, laisser cuire de 45 à 60 minutes.

Il est cependant avantageux de ne pas préchauffer le four trop longtemps à l'avance. Non seulement pour les économies d'énergie, mais surtout parce qu'en enfournant les pains dans un four à 200 ou 250° F (90 à 120° C) disons, les pains ne seront pas saisis aussi brutalement, et la levure, avant d'être anéantie par la chaleur, aura le temps d'agir encore un peu et de gonfler les pains, les rendant ainsi moins compacts et moins lourds. Cette méthode est préférable si l'on a employé dans la recette des farines lourdes, comme le soya, le seigle ou le riz. Donc n'allumer son four que deux ou trois minutes avant d'enfourner. Dans ce cas la cuisson prend entre 50 et 70 minutes.

Les décorations sur le dessus des pains se font juste avant d'enfourner. Des coupures sur la surface de la pâte, faites au couteau bien aiguisé, permettent à la vapeur d'eau de s'échapper. On peut badigeonner la surface avec de l'eau, ou du lait, saupoudrer de graines de sésame ou de graines de pavot, et se livrer d'une manière générale à toutes les excentricités décoratives possibles et imaginables.

Une récapitulation rapide:

- Dissoudre l'agent sucrant dans l'eau.
- Ajouter la levure. Mélanger un peu.
- Plier la farine tasse par tasse jusqu'à ce que la pâte ait la consistance d'une pâte à crêpes.
- Battre le mélange 100 fois.
- Faire lever une heure.
- Ajouter l'huile et le sel.
- Plier à nouveau de la farine, y compris les farines minoritaires, jusqu'à ce que la pâte se détache des bords du bol.
- Pétrir 5 à 10 minutes.
- Faire lever une heure.
- (Enfoncer le poing 25 fois dans la pâte).
- Faire lever 50 minutes.
- Pétrir 10 à 15 minutes et former les deux pains.
- Faire lever 25 minutes.
- Cuire à 350° F (180° C) pendant une heure.
- Démouler et laisser refroidir une heure.

EXEMPLES DE VARIANTES À PARTIR DE LA RECETTE DE BASE

Tous les ingrédients restent identiques, à moins de mention contraire. Procéder exactement comme avec la recette de base. Toutes les recettes sont pour deux pains. Si on lit par exemple: 4 tasses (1 l) de farine de seigle, 1 tasse (250 ml) de farine de soya, cela veut dire que sur la quantité totale de farine nécessaire à la recette de base (10 à 12 tasses ou

2,5 à 3 l), on substituera 4 tasses (1 l) de farine de seigle, et 1 tasse (250 ml) de farine de soya, à 5 tasses (1,25 l) de farine de blé entier.

1. Pain «Pumpernickel»: un beau pain noir, au goût fort et parfumé. Remplacer la moitié de l'agent sucrant par 2 c. à table (30 ml) de mélasse noire. Utiliser 5 tasses (1,25 l) de farine de seigle entier.

2. Pain de gruau (d'avoine): très doux au goût. Utiliser un reste de gruau cuit le matin même ou la veille, ou utiliser 2 tasses (500 ml) d'avoine roulée et 2 tasses (500 ml) de farine d'avoine, ou encore 4 tasses d'avoine roulée. On peut faire tremper cette avoine roulée au préalable et utiliser l'eau de trempage dans la recette.

3. Pain de seigle: un beau pain lourd, humide, très agréable à mâcher. Utiliser 7 tasses (1,75 l) de farine de seigle. On peut aussi remplacer une tasse (250 ml) d'eau par une tasse (250 ml) de crème sure, ce qui relève encore le goût de seigle.

4. Pain au millet et au sésame: très riche. Pour familles gourmandes. Agent sucrant: du miel. Remplacer la moitié de la farine de blé entier par de la farine blanche (blutée) mais non blanchie artificiellement. Une tasse (250 ml) de millet concassé et 2 tasses (500 ml) de sésame moulu.

5. Pain de blé trempé: (ou seigle, ou orge, ou avoine, etc.). Faire tremper des grains entiers de blé dans l'eau pendant la nuit: une tasse (250 ml). On peut aussi les faire cuire.

6. Pain de blé germé: Faire germer les grains de blé à l'abri de la lumière. Faire gonfler une nuit dans l'eau, rincer et laisser reposer à la température de la pièce, en rinçant régulièrement. Les grains commencent à germer généralement vers le troisième jour.

Inclure alors dans la recette. Le pain de blé germé a l'avantage de contenir dans un volume très réduit tous les éléments nutritifs nécessaires à la plante pour croître: minéraux, vitamines, etc. C'est, pour les humains, à quantités égales, la forme d'aliment la plus riche en éléments nutritifs. À la cuisson, cependant, les vitamines disparaissent à 75%.

7. Pain de maïs: croquant, sec, jaune, parfum extraordinaire. Utiliser 7 tasses (1,75 l) de farine de maïs.

8. Pain de soya et blé: épais, lourd, nourrissant, merveilleux quand on a faim. Utiliser 5 tasses (1,25 l) de farine de soya. On peut aussi remplacer 1 tasse (250 ml) de farine de soya, par 1 tasse (250 ml) de fèves de soya concassées et trempées qui ajoutent à la richesse du pain. On peut encore griller légèrement les fèves auparavant.

9. Pain aux noix: riche et savoureux, parfait pour les desserts, avec le thé... Ajouter à la recette de base 1 tasse (250 ml) de noix mélangées concassées ou réduites en poudre, légèrement grillées ou non.

10. Pain aux raisins: parfait pour desserts, collations, petits déjeuners... 1 tasse (250 ml) de raisins secs que vous roulez préalablement dans la farine afin que pendant la cuisson ils ne fondent pas dans la pâte. Raisins de Corinthe, cassis séchés, groseilles séchées...

11. Pain au son: riche et laxatif! Ajouter à la recette une tasse de son.

12. Pain de six grains: riche et célèbre. En portions égales, mélanger les farines de blé, seigle, sarrasin, avoine, orge et millet. Il est même possible de faire un pain de sept grains, en ajoutant de la farine de riz, et même de huit grains, en ajoutant de la farine de maïs.

13. Pain aux graines de tournesol: simplement ajouter des graines de tournesol entières à la recette. Cuites à l'intérieur du pain, elles fondent sous la dent. Vous pouvez aussi ajouter 1/4 de tasse (60 ml) de graines moulues à la recette si vous voulez vraiment que le goût de tournesol parfume tout le pain.

14. Pain au germe de blé: pour convalescents. Ajouter une tasse (250 ml) de germe de blé à la recette de base.

15. Pain à l'oignon: trancher un bel oignon et rouler dans la farine avant d'incorporer à la pâte.

16. Pain à l'oignon et au fromage: procéder comme dans la recette précédente et ajouter une tasse (250 ml) de cheddar moyen ou fort (au goût) râpé. Voilà un pain élégant pour repas entre amis gourmets que l'on veut surprendre.

17. Pains bizarres: dans les pays nordiques, on fait des «pains aux betteraves»: morceaux de betteraves enfarinés plongés dans la pâte et utilisation du jus de betteraves pour remplacer une partie de l'eau. On peut aussi essayer un «pain aux olives», qui doit être très fin, si l'on n'en met pas trop, en été avec des salades niçoises.

Encore une fois, faire preuve d'inventivité, s'amuser. On peut faire des pains avec presque n'importe quoi. Utiliser de la farine fraîchement moulue si possible, car elle a encore toutes ses qualités.

S'il reste de la purée de pommes de terre du repas, on peut l'incorporer à la pâte. Le goût est une surprise. On peut utiliser aussi du yogourt et même du lait de beurre pour donner un goût suret au pain. Les graines de cumin ont la vertu de rendre le pain très digeste et de lui ajouter de la douceur...

PAIN AU LEVAIN

La pâte au levain est la manière traditionnelle de faire du pain. Le levain se prépare une fois, puis sert à chaque fournée dont on prélève avant la cuisson un morceau qui servira à la suivante, etc. On a ainsi une véritable généalogie des pains.

Le levain se fabrique de la manière suivante: prendre de l'eau non javellisée, et de la farine finement moulue de blé entier. Faire une boule en les amalgamant de manière à ce que la pâte soit très souple. Laisser cette pâte (le mot exact est pâton) dans un récipient en verre ou en terre, recouvert d'un linge, dans un endroit sans courants d'air et assez chaud, le haut d'un placard fermé par exemple, pendant trois jours. Après trois jours, la pâte est devenue molle et gonflée de gaz, elle a une odeur aigrelette. La pétrir de nouveau avec une demi-tasse (125 ml) de farine de blé entier et un peu d'eau et la laisser fermenter de nouveau pendant deux jours. À ce terme le levain est prêt. On a alors le choix entre deux méthodes: ou bien on l'incorpore entièrement à la pâte à pain, et on en prélève une partie (grosse comme le poing) avant la cuisson, ou bien on en conserve la même quantité avant même de préparer la pâte. Dans ce dernier cas, l'allonger d'un peu d'eau (1/2 tasse ou 125 ml) et de farine et la mettre au frais, jusqu'à la prochaine utilisation.

La première de ces deux méthodes est celle des boulangers d'autrefois. L'ancien procédé «des trois levains» consistait à prélever sur la troisième fournée de la veille (de façon à avoir le maximum d'activité des ferments), environ 4 livres (2 kg) de pâte, qui formaient le «levain-chef»[1]. Ce «chef» était tourné en boule et on le laissait fermenter dans un endroit tempéré pendant 8 à 12 heures. Le levain-chef étant à point, on le transformait en «levain de première», en le rafraîchissant avec de l'eau et de la farine, ce qui l'amenait au poids de 16 livres (7,25 kg). Ce levain devait avoir une consistance très ferme. Cette opération se faisait généralement en fin de travail, lorsque les pains de la sixième fournée étaient façonnés. Environ huit heures après, on refaisait la même opération pour transformer le levain de première en «levain de seconde», et le porter au poids de 34 livres (15,5 kg). Après une heure et quart à une heure et demie de fermentation, on faisait le troisième levain ou «levain de tout point» qui pesait presque 110 livres (50 kg).

Les anthroposophes font un pain au levain, au sel et au miel, le miel représentant la substance céleste et le sel la substance terrestre. Il faut préparer la pâte et pétrir le soir, mais elle ne se met à monter qu'à partir du lever du soleil. On pétrit dans la matinée et on cuit dans l'après-midi. Il s'agit «d'incarner» les rythmes

---

(1) D'après: *Le blé, la farine et le pain*, par le Dr A. Gottschalk, Paris, Éditions de la Tournelle, 1935.

solaire et lunaire dans la panification pour que le pain lève par autofermentation. Mais pour que l'opposition des polarités lunaire et solaire profite au processus, il faut que la farine provienne d'un blé cultivé suivant la méthode d'agriculture biodynamique.

Pains sans levure

Certains régimes alimentaires, le régime macrobiotique par exemple, se refusent à l'emploi de sucre. Or un agent sucrant est nécessaire à la levure pour la fermentation alcoolique. La solution est donc le pain sans levure et sans levain.

Les pains sans levure sont bien sûr plus denses, plus épais, et la croûte est plus dure. Ils nécessitent un bon coup de dents et de la patience pour la mastication, mais cette patience est récompensée, car la saveur intacte de la céréale se dégage et l'amidon se transforme en sucre dans la bouche; on a l'impression d'avaler du gâteau...

On peut cependant réussir à rendre un pain sans levure relativement léger. Le secret est dans un pétrissage très prolongé. Au moment où l'on mélange eau et farine, utiliser de l'eau bouillante. Lors du pétrissage, plier et replier la pâte sur elle-même. Au début la pâte se brisera, au lieu de s'étirer, mais grâce au pétrissage le gluten se formera et elle deviendra souple. Il faut prendre garde de ne pas incorporer trop de farine, sinon le pétrissage deviendra un véritable exercice de culture physique.

Faire lever durant 8 à 12 heures (on commence donc la veille), couvrir d'un linge humide, à l'abri du froid.

Pour le reste, procéder comme indiqué dans la recette de base à la levure.

1. Pain d'orge tibétain: (cette recette est adaptée du « Tassajara Bread Book »)

Pour cette recette, il faut 2 tasses (500 ml) de farine d'orge, une demi-tasse (125 ml) de graines de tournesol ou de graines de sésame, 4 tasses (1 l) de farine de blé entier, 2 c. à table (30 ml) d'huile de sésame, 2 c. à table (30 ml) d'huile de maïs — ou 4 c. à table (60 ml) de maïs —, 1 1/2 c. à thé (7,5 ml) de sel et 3 1/2 tasses (875 ml) d'eau bouillante.

Faire griller la farine d'orge dans 1 c. à table (15 ml) d'huile de sésame. Mélanger les farines et le sel.

Ajouter l'huile, puis l'eau bouillante, s'aidant alors d'une cuiller de bois. Lorsque la pâte commence à se former, continuer à travailler avec les mains. Pétrir jusqu'à ce que l'élasticité de la pâte prouve que le gluten est formé. Faire lever en deux temps d'environ 4 heures et pétrir entre temps. Cuire 20 minutes à 450° F (235° C) au centre du four, puis à 400° F (205° C) 40 minutes en haut du four. La croûte sera certainement dure mais l'intérieur tendre. Le succès n'est pas garanti. Mais on y arrive avec de l'expérience.

2. Pain cuit à la vapeur, pain traditionnel en Hollande et au Danemark

On s'est peut-être déjà demandé comment le fameux «Roggebrot» hollandais, un pain noir, épais, et avec une consistance de gomme à mâcher, se prépare. Voici une manière:

Pour un gros pain: 4 tasses (1 l) de seigle entier concassé assez fin, 1 tasse (250 ml) de farine de seigle entier, 1 tasse (250 ml) de blé entier concassé, 1 c. à thé (5 ml) de sel, 2 c. à table (30 ml) de miel ou de mélasse (suivant que vous le voulez noir ou non), 2 c. à table (30 ml) d'huile, 1/4 de tasse (60 ml) de son de blé, 3 1/2 tasses (875 ml) d'eau bouillante. On peut aussi mettre du germe de blé.

Mélanger le tout. La pâte sera très humide. Couvrir et laisser reposer toute la nuit. Le lendemain, placer la pâte dans un moule directement. Placer le moule avec le pain dans un bain-marie, et placer le bain-marie fermé dans le four. Faire cuire ainsi durant 3 à 3 1/2 heures à 275° F (135° C). C'est la vapeur d'eau qui fait gonfler les grains concassés et cuit le pain. Une fois cuit, retirer du four, laisser refroidir et réfrigérer avant de servir.

Chapatis et tortillas

Voici sans nul doute les plus simples des pains. Leur tradition remonte à la plus haute antiquité, probablement au début de l'époque néolithique. Si le code d'Hamourabi à Babylone, qui date de 2 050 ans avant notre ère, mais qui vise des pratiques bien antérieures, parle du pain et de la bière, de la «bière-mère» (levain) et du pain malté[1], on peut imaginer que le pain non fermenté, non levé date au moins de la même époque, et même qu'il a probablement servi de transition entre l'époque des bouillies de céréales et celle du pain.

Les chapatis et les tortillas sont en quelque sorte du pain instantané. En effet, il suffit de mouiller un peu de farine, de faire quelques boulettes, de les aplatir et de les mettre au feu: elles grillent, elles gonflent (quand la proportion d'eau et de farine est correcte) et voilà, en environ 15-20 minutes, on a du pain, un pain que des milliards d'humains mangent tous les jours. Les chapatis sont en effet la nourriture de base (avec le riz et plusieurs sortes de fèves) de 800 millions d'Indiens, et, sous d'autres noms, on en mange dans toutes les parties du globe. Au Mexique, on les fait avec une farine spéciale de maïs, et on les appelle tortillas.

En Inde, quand un grand nombre de personnes partagent de la nourriture ensemble, on installe une espèce de four temporaire: il s'agit d'une énorme jarre en terre à col rétréci, autour de laquelle on monte un bâti de terre et de briques réfractaires et qu'on chauffe par en dessous. Avec une habileté prodigieuse, les «cuisiniers» roulent les chapatis à partir d'une énorme pâte, les étalent en les tournant entre leurs mains, et d'un geste bref et précis les collent sur la paroi interne brûlante de la jarre. L'air dans la jarre étant très chaud, on ne les cuit que d'un côté.

---

(1) D'après: *Histoire de l'Alimentation et de la Gastronomie depuis la préhistoire jusqu'à nos jours*, par le Dr A. Gottschalk, tome 1, Paris, Éditions Hippocrate, 1948.

On les retire avec une sorte de pique. Elles ont un goût incomparable.

La recette pour de petites quantités de chapatis, à la maison, est très simple: il suffit d'avoir de la farine de blé entier et de l'eau (de source, si possible, à cause du goût). Dans l'Antiquité, en Grèce notamment, on cuisait ces mêmes galettes, mais on ajoutait un peu de sel et de l'huile d'olive. Si la présence de sel n'est pas vraiment nécessaire (tout dépendant avec quoi on veut les servir), l'addition d'huile donne du moelleux, à condition d'en mettre très peu: une c. à table (15 ml) maximum.

1. dans un bol, mélanger de la farine et un peu d'eau, de manière à faire une pâte très souple. Commencer avec 1/2 tasse (60 ml) d'eau pour 2 tasses (500 ml) de farine, et ajuster.

2. pétrir, en incorporant de la farine si vous avez mis trop d'eau (ce qui arrive souvent au début). La pâte doit rester très souple, mais sèche au dehors.

3. faire des boulettes bien en forme.

4. enfariner votre planche à pain et avec le rouleau, aplatir en autant de galettes d'environ 5 ou 6 pouces (12 à 15 cm) de diamètre, bien rondes si possible.

5. cuire ensuite sur le fond d'une poêle sèche, ou mieux encore, sur un gril, à feu entre doux et moyen. Le feu le plus contrôlable est celui du poêle à bois, ensuite celui du gaz, et le pire est l'électricité. Retourner deux fois et retirer du feu lorsque parsemées de taches brunes.

Manger comme du pain, encore chaudes. C'est une manière d'avoir toujours du pain frais.

En Inde, on peut aussi associer ces chapatis de différentes façons très savoureuses. Par exemple, deux chapatis collées bord à bord et enduites de «Ghee» (beurre clarifié) s'appelle: «Parothas». On peut aussi fourrer ces parothas avec des pommes de terre, ou des fèves cuisinées, généralement relevées de cari. Si l'on jette une chapati dans la friture, elle gonfle, et prend le nom de «puri». En Inde cette friture n'est pas indigeste, car c'est du beurre clarifié, c'est-à-dire du beurre dont les parties solides (et putrescibles) ont été ôtées. On peut faire du beurre clarifié chez soi en faisant fondre du beurre doux à faible température, en le portant, une fois tout fondu, lentement à ébullition et en le maintenant ensuite juste au-dessous du point d'ébullition pendant une heure. Des petits amas noirâtres s'agglomèreront, que l'on écumera. Ensuite on passera le beurre fondu refroidi à travers un coton à fromage plié double, et l'on recueillera un beau liquide jaune pâle: le beurre clarifié. Le goût est particulier, mais il se garde pendant des mois, et il est meilleur pour la santé que le beurre ordinaire.

Revenons aux «puris». On peut aussi les fourrer avant de les jeter dans la friture. En Inde, cette sorte de pain est considérée comme un mets très délicat.

* * *

Les tortillas remplissent au Mexique la même fonction que les chapatis aux Indes. Sans tortillas, pas de «tacos» ni «enchiladas». Il en existe une variété encore plus grande que les chapatis, semble-t-il, mais elle est plus difficile à faire. En effet, avec la farine de blé entier, on n'a aucun mal à obtenir une pâte élastique facile à travailler et qui ne craquelle pas. Avec le maïs, beaucoup moins riche en gluten, la pâte de farine ordinaire ne «s'agglutine» pas; elle brise, s'effrite. Les tacos tombent en morceaux, c'est un désastre. Les Mexicains ont mis au point un traitement particulier: On fait griller les grains de maïs pour les dessécher, puis on les cuit brièvement dans une solution d'eau et de chaux-vive. Ensuite on les laisse tremper jusqu'à ce qu'ils soient assez tendres pour être broyés et réduits en une sorte de pâte appelée «masa». C'est la manière traditionnelle. Aujourd'hui on trouve de la «masa» toute préparée non seulement au Mexique, mais aussi dans le reste de l'Amérique sous le nom de «Masa Harina».

En fait, on peut se passer de ce processus compliqué, pour peu qu'on laisse la pâte de farine de maïs et d'eau reposer suffisamment avant de la travailler pour permettre au peu de gluten de se former.

Les tortillas, comme les chapatis, se mangent avec tout, et particulièrement avec des fèves rouges, des feuilles de salade, des légumes, une sauce forte...

La Bannique
des Amérindiens

Bernard Assiniwi, dans son livre *Recettes typiques des Indiens* [1], mentionne le pain de bannock, appelé aussi bannique ou pakwéjigan. Dans les 7 ou 8 recettes qu'il donne, qui proviennent de tribus amérindiennes de différentes parties du Canada, certaines constantes reviennent. Les Amérindiens utilisaient la farine de maïs, les graines de tournesol, le sel, la graisse animale (ou quelquefois l'huile végétale, surtout de nos jours, où les Amérindiens ne chassent plus le porc-épic pour faire fondre sa graisse...).

D'une manière générale, on mélange tous les ingrédients secs et l'huile, ou la graisse animale. Ensuite on ajoute l'eau et on pétrit. Pendant ce temps on fait chauffer l'huile de cuisson, on aplatit la pâte et on fait dorer dans l'huile. On sert chaud. Dans la bannique de tournesol des Amérindiens de Kahnawake, il faut d'abord faire mijoter les graines de tournesol dans de l'eau salée. Puis on écrase les graines, on ajoute la farine de maïs jusqu'à ce que la consistance soit assez épaisse. On fait ensuite des galettes et, comme précédemment, on frit dans l'huile des deux côtés.

---

(1) *Recettes typiques des Indiens*, par Bernard Assiniwi, Montréal, Leméac, 1972.

Pain au gluten
ou Kofu

Le gluten, dont il est souvent question, si important pour obtenir des pâtes élastiques et souples, est la partie protéique des farines. La farine de blé, riche en gluten, comporte aussi beaucoup d'amidon qui se transforme en sucre sous l'action de la salive ou, si on l'avale trop vite, sous l'action des enzymes de l'estomac. *Le petit Robert* définit le mot ainsi: «matière azotée visqueuse qui subsiste après élimination de l'amidon des farines de céréales». Si cette définition est bien insuffisante par certains côtés, elle nous fournit ici l'explication du processus de fabrication du «Kofu».

Le Kofu, en fait, n'est pas vraiment un pain. On le fabrique en éliminant de la farine tout l'amidon par trempage. Reste le gluten «agglutiné» qu'on fait cuire pour le rendre comestible avec des herbes ou des épices. On peut ensuite le conserver assez longtemps et, coupé en tranches, il rappelle la consistance du steak et le remplace avantageusement sur le plan nutritif, sur le plan digestif et sur le plan général du catabolisme (il ne surcharge pas les reins en acide urique comme le fait la viande).

Le Kofu est une invention chinoise, mais le mot Kofu est japonais. Le Kofu est largement employé dans les cuisines chinoises et japonaises. Il est particulièrement prisé des macrobiotes modernes, car c'est un produit très «yang». Voici, de manière détaillée, comment on le prépare:

1. Le processus est assez long. En conséquence, pour que cela en vaille la peine, il est recommandé d'en préparer une grande quantité à la fois. C'est à la fois plus économique en temps, et en argent. Et le Kofu se conserve très facilement et très longtemps au réfrigérateur. Si, un jour, on est pressé, on sort une petite tranche de Kofu du réfrigérateur, on le fait rissoler comme un steak avec quelques légumes, ou une petite salade verte, et voilà un repas copieux et sain en peu de temps.

La méthode suivante est faite avec 10 livres (4,5 kg) de farine de blé entier. Mettre toute la farine dans une bassine. Verser un peu d'eau dessus, petit à petit, et procéder comme si l'on fabriquait une pâte à pain ordinaire: c'est-à-dire faire en sorte que le gluten se forme. Pétrir jusqu'à ce que la pâte soit souple et élastique, exactement comme une pâte à pain. Cet exercice risque d'être un peu forçant; il faut donc s'installer confortablement; les mains, tombant le long du corps, devraient être à la même hauteur que la surface de travail.

2. Maintenant que le gluten est formé, disposer la bassine sous le robinet d'eau, dans l'évier. Ajuster la température de l'eau pour vos mains et le débit: il suffit d'un filet d'eau.

Sous ce filet d'eau, continuer à pétrir. Puis graduellement, lorsque l'on commence à voir un liquide laiteux sortir, continuer à pétrir en pressant, pinçant, compressant la pâte pour en faire sortir ce liquide blanc qui est l'amidon du blé dissous dans l'eau. On doit continuer ce processus jusqu'à ce que l'amidon soit complètement éliminé. Presser, enfoncer vos poings, comprimer la pâte sans relâche. On voit apparaître assez vite les filaments du gluten en un réseau caoutchouteux. Surtout ne pas tirer sur ces filaments, ne pas les déchirer. Les presser, les laver mais ne pas les tirer! On peut à ce stade augmenter le débit de l'eau et laver l'amidon un peu plus vite. Ce processus dure environ 35 à 40 minutes. L'amidon s'en va le premier, comme on le constatera, puis le son se détache à son tour. L'éliminer également.

3. Le gluten une fois bien lavé, on se trouve en possession d'une masse grisâtre sans goût qui a la consistance du caoutchouc. Pour que ce gluten soit comestible, il faut maintenant le cuire. À ce stade, on peut faire preuve de la plus grande créativité. Puisque le gluten est sans goût, il est possible de lui donner celui que l'on voudra. Si on souhaite que le goût ressemble à celui de la viande, faire cuire avec un peu de «Marmite» et des herbes telles que le thym, romarin, laurier, persil, sel, dans de l'eau bouillante

durant 45 minutes. La «Marmite» est un condiment que l'on trouve dans certaines épiceries, et qui est à base de levure. Si on ne trouve pas de «Marmite», essayer de la levure de bière adoucie en poudre et de la sauce soya ou tamari, des champignons, de l'huile de sésame, ou autre, du sel, du poivre.

On peut couper le gluten en tranches avant la cuisson ou après. Une fois la cuisson terminée, égoutter soigneusement les morceaux de Kofu, les entasser dans un récipient fermé et les mettre au réfrigérateur. On a ainsi un repas pour une dizaine de personnes.

4. La manière la plus agréable de manger le Kofu est indéniablement la manière chinoise: Faire frire avec des champignons ou des poivrons verts dans de l'huile de sésame. Arroser de sauce soya. On peut aussi plonger le Kofu dans la friture; il gonfle alors comme une balle. Présenter le plat avec du chou blanc émincé et quelques carottes en fines rondelles.

Pain d'épices

Ingrédients nécessaires:

- une livre (500 g) de miel
- une livre (500 g) de farine de seigle
- une livre (500 g) de farine de blé entier
- écorces de citron
- écorces d'orange
- amandes pilées
- fruits confits
- confiture ou gelée d'orange et de citron
- anis vert moulu grossièrement au mortier
- un clou de girofle
- un grain de coriandre
- une graine de cardamome
- cannelle
- macis en poudre (très peu)
- gingembre frais râpé
- un peu de menthe (fraîche si possible)

Mettre le miel dans un bol. Y ajouter une tisane faite avec l'anis, le gingembre, la cardamome, le clou, le grain de coriandre et la menthe, (environ 2 tasses ou 500 ml). Ajouter une cuillerée à soupe (15 ml) de levure à pain. Incorporer la farine, tasse par tasse, chacune d'un seul coup comme dans la recette de base de pain et plier (vers le centre). Incorporer de la farine jusqu'à consistance épaisse, très visqueuse, mais pas sèche. Laisser reposer au chaud. Pétrir 2 ou 3 heures plus tard. Cuire 24 heures plus tard dans des moules à pain. Chauffer le four auparavant à 200° F (90° C). Enfourner et augmenter la température de 25° F (14° C) à la fois tous les quarts d'heure pour que le pain lève doucement et à son maximum. Monter ainsi jusqu'à 300° F (150° C). Alors cuire une autre demi-heure à 350° F (180° C).

Ne pas oublier de rouler les fruits confits dans la farine avant de les incorporer. Les confitures ou gelées se mélangent avec le miel. La cannelle avec les farines, ainsi que le macis. Le résultat embaume littéralement.

Index

Safran
Riz au, 112

Salade
de champignons, 143
de fruits (Vinaigrette pour),
129
de légumes à la française,
139
aux lentilles et à l'ananas,
133
marocaine, 141
d'oignons et de fromage,
138
de pêches, 150
de poivrons, 69
verte et courgettes, 142

Sauce
aubergine, 55
béchamel, 36
béchamel au vin, 37
brune pour pain de noix,
100
aux champignons sans vin,
40
aux herbes et au vin, 39
hollandaise, 42
Mornay, 45
de Provence, 41
tomate simple, 46
aux tomates avec du vin,
47
veloutée, 44
au vin blanc, 38
vinaigrette simple, 128

Saumure
Herbes à la, 130

Sésame
Aubergine aux graines de,
56

Soufflé
aux asperges, 53
aux aubergines, 58
aux châtaignes, 125
au fromage, 83
au fromage et aux noix,
107
au fromage et aux noix de
Grenoble, 79
aux pommes de terre, 123

Tarte
aux asperges, 52
aux légumes à la russe, 72
à l'oignon lyonnaise, 66
au yogourt, 154

Tomates
Aubergine et, 59
Crème de tomates au
cognac, 28
Fondue aux, 76
Hachis de tomates aux
noix, 101
polonaises, 135
Potage aux lentilles et aux,
22
provençales, 68
Sauce tomate simple, 46
sauce aux tomates avec du
vin, 47
Velouté aux, 34

Vinaigre
aux herbes, 128

Vinaigrette
aigrelette, 129
Haricots verts, 134
aux herbes, 128
Poireaux à la, 136
Pommes de terre, 137
pour salades de fruits, 129
Sauce vinaigrette simple,
128

Yogourt
Tarte au, 154

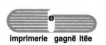

imprimerie gagné ltée

IMPRIMÉ AU CANADA